VERCI NGETORIXS

VOIR L'HISTOIRE

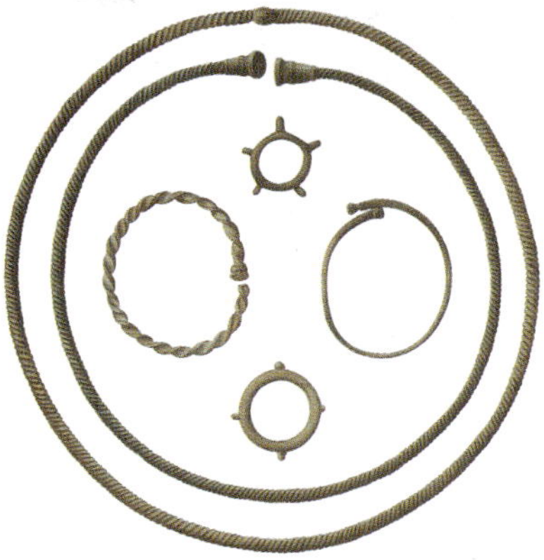

Celtes et Gaulois

PATRICK PION

FLEURUS
fleuruseditions.com

Texte : Patrick Pion
Édition et réalisation grahique : Le Pré Carré
Suivi éditorial, recherches iconographiques : Clotilde Lefebvre
Maquette : Natacha Kotlarevsky
Illustrateurs : Pierre-Emmanuel Dequest, Paolo Ghirardi, Christian Jégou, Étienne Souppart
Cartographie : Édigraphie
Relecture : Éliane Rizo

Film : Sur la trace des Celtes (GÉDÉON programme)
Prémastering : DVD MAKER

Direction éditoriale : Christophe Savouré
Direction artistique : Laurent Quellet
Conception graphique de la collection : Studio Bosson
Fabrication : Florence Bellot

Dépôt légal : février 2006
ISBN : 978 2 215 05535 8
N° d'édition : M11147
4e édition - juillet 2011

Photogravure : Dupont Photogravure
Achevé d'imprimer sur les presses de l'imprimerie Proost (Belgique).
Loi n° 46-956 du 16 juillet 1949 sur les publications destinées à la jeunesse.

Petit mode d'emploi...

Un **texte introductif** ouvre la double page sur le thème abordé.

Des **documents d'époque** et des **dessins** illustrent les différents aspects de la vie des Celtes.

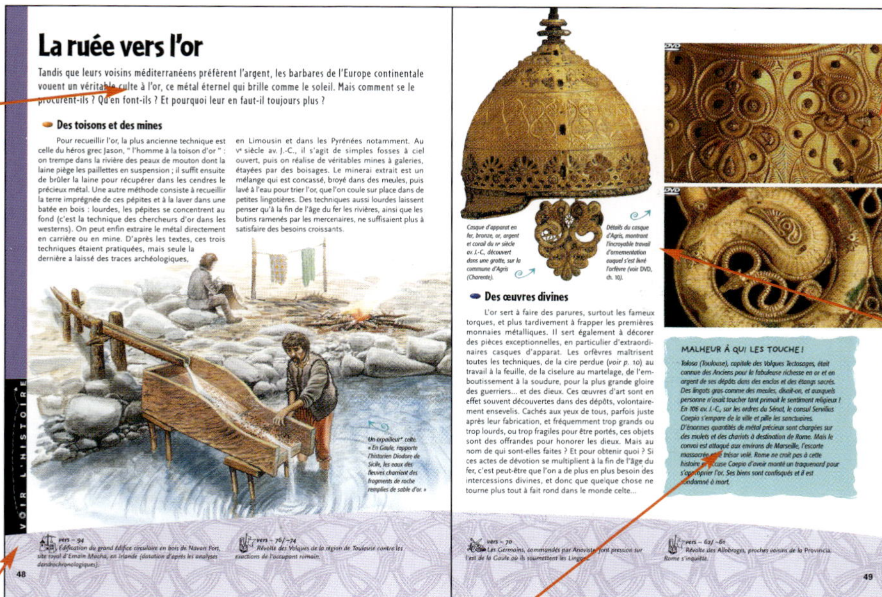

VOIR L'HISTOIRE

La ruée vers l'or

Tandis que leurs voisins méditerranéens préfèrent l'argent, les barbares de l'Europe continentale vouent un véritable culte à l'or, ce métal éternel qui brille comme le soleil. Mais comment se le procurent-ils ? Qu'en font-ils ? Et pourquoi leur en faut-il toujours plus ?

Des toisons et des mines

Pour recueillir l'or, la plus ancienne technique est celle du héros grec Jason, " l'homme à la toison d'or " : on trempe dans la rivière des peaux de mouton dont la laine piège les paillettes en suspension ; il suffit ensuite de brûler la laine pour récupérer dans les cendres le précieux métal. Une autre méthode consiste à recueillir la terre imprégnée de ces pépites et à la laver dans une batée en bois : lourdes, les pépites se concentrent au fond (c'est la technique des chercheurs d'or dans les westerns). On peut enfin extraire le métal directement en carrière ou en mine. D'après les textes, ces trois techniques étaient pratiquées, mais seule la dernière a laissé des traces archéologiques, en Limousin et dans les Pyrénées notamment. Au Vᵉ siècle av. J.-C., il s'agit de simples fosses à ciel ouvert, puis on réalise de véritables mines à galeries, étayées par des boisages. Le minerai extrait est un mélange qui est concassé, broyé dans des meules, puis lavé à l'eau pour trier l'or, que l'on coule sur place dans de petites lingotières. Des techniques aussi lourdes laissent penser qu'à la fin de l'âge du fer les rivières, ainsi que les butins ramenés par les mercenaires, ne suffisaient plus à satisfaire des besoins croissants.

Un orpailleur celte. « En Gaule, rapporte l'historien Diodore de Sicile, les eaux des fleuves charrient des fragments de roche remplies de sable d'or. »*

Casque d'apparat en fer, bronze, or, argent et corail du IVᵉ siècle av. J.-C., découvert dans une grotte, sur la commune d'Agris (Charente).

Détails du casque d'Agris, montrant l'incroyable travail d'ornementation auquel s'est livré l'orfèvre (voir DVD, ch. 10).

Des œuvres divines

L'or sert à faire des parures, surtout les fameux torques, et plus tardivement à frapper les premières monnaies métalliques. Il sert également à décorer des pièces exceptionnelles, en particulier d'extraordinaires casques d'apparat. Les orfèvres maîtrisent toutes les techniques, de la cire perdue (*voir p.* 10) au travail à la feuille, de la ciselure au martelage, de l'emboutissement à la soudure, pour la plus grande gloire des guerriers... et des dieux. Ces œuvres d'art sont en effet souvent découvertes dans des dépôts, volontairement ensevelis. Cachés aux yeux de tous, parfois juste après leur fabrication, et fréquemment trop grands ou trop lourds, ou trop fragiles pour être portés, ces objets sont des offrandes pour honorer les dieux. Mais au nom de qui sont-elles faites ? Et pour obtenir quoi ? Si ces actes de dévotion se multiplient à la fin de l'âge du fer, c'est peut-être que l'on a de plus en plus besoin des intercessions divines, et donc que quelque chose ne tourne plus tout à fait rond dans le monde celte...

MALHEUR À QUI LES TOUCHE !

Tolosa (Toulouse), capitale des Volques Tectosages, était connue des Anciens pour la fabuleuse richesse en or et en argent de ses dépôts dans des enclos et des étangs sacrés. Des lingots gros comme des meules, disait-on, et auxquels personne n'osait toucher tant primait le sentiment religieux ! En 106 av. J.-C., sur les ordres du Sénat, le consul Servilius Caepio s'empare de la ville et pille les sanctuaires. D'énormes quantités de métal précieux sont chargées sur des mulets et des chariots à destination de Rome. Mais le convoi est attaqué aux environs de Marseille, l'escorte massacrée et le trésor volé. Rome ne croit pas à cette histoire et accuse Caepio d'avoir monté un traquenard pour s'approprier l'or. Ses biens sont confisqués et il est condamné à mort.

vers – 94 Édification du grand édifice circulaire en bois de Navan Fort, site royal d'Emain Macha, en Irlande (datation d'après les analyses dendrochronologiques).

vers – 76/–74 Révolte des Volques de la région de Toulouse contre les exactions de l'occupant romain.

vers – 70 Les Germains, commandés par Arioviste, font pression sur l'est de la Gaule où ils soumettent les Lingons.

vers – 62/–61 Révolte des Allobroges, proches voisins de la Provincia. Rome s'inquiète.

48 — 49

Des **légendes** permettent de replacer les documents dans leur contexte.

Une **frise chronologique**, déroulée sur l'ensemble du livre, présente les événements qui ont marqué le monde depuis la Préhistoire jusqu'à l'évangélisation de la Bretagne.

Des **encadrés** proposent un éclairage particulier sur un thème précis.

L'astérisque (*) signale les mots expliqués dans le **lexique** à leur première apparition sur une double page.

Les **pictogrammes** de la frise chronologique aident à identifier la nature de l'événement :

- *Politique*
- *Religion*
- *Affaires militaires*
- *Sciences et techniques*
- *Culture*
- *Architecture*
- *Économie*
- *Vie quotidienne*
- *Géographie*
- *Grands fléaux*

Sommaire

VERCI
NGET

Une affaire de mots

Qui sont les Celtes ? Leur nom évoque pêle-mêle Vercingétorix, Obélix, et aujourd'hui, musique rock et jeux de rôle... Dans ce capharnaüm, César aurait lui-même perdu son latin ! Qu'en est-il exactement ?

Une invention des Grecs et des Romains

Les mots " celte ", " gaulois " ou " galate " apparaissent dans les textes grecs et latins vers 400 av. J.-C. Ils sont alors synonymes et désignent tous trois indifféremment les habitants des vastes contrées qui bordent la Méditerranée au nord et à l'ouest, de l'Atlantique aux plaines d'Europe centrale. Ainsi les Grecs et les Romains ont-ils nommé, lors de leurs premiers contacts, ces populations guerrières aux mœurs si différentes des leurs, qu'ils recruteront souvent comme mercenaires dans leurs armées. À l'origine, aucun de ces mots ne désignait un peuple, une ethnie ou une langue en particulier.

Les langues s'en mêlent

Aux XVIIIe et XIXe siècles, des savants comparent les sons, le vocabulaire et la grammaire des langues parlées en Europe et les regroupent par familles. Ils réunissent ainsi sous le nom de " celtiques " plusieurs dialectes qui ne descendent pas du latin et sont parlés dans les confins atlantiques – l'Irlande, l'Écosse, le pays de Galles, la Cornouaille et la Bretagne. Ils découvrent également des noms de lieux à racine celtique sur une vaste partie du continent européen. C'est donc qu'on y parlait le celte autrefois, mais quand ? On a découvert en Espagne et dans les Alpes italiennes plusieurs inscriptions transcrivant des parlers celtiques dans la pierre ou le métal à l'aide de caractères empruntés aux alphabets grec, étrusque, phénicien ou ibérique. Les plus anciennes de ces inscriptions datent du VIe siècle av. J.-C. On en conclut que divers dialectes de cette famille – aussi différents de ceux d'aujourd'hui que le français l'est du latin ! – sont déjà parlés sur le continent vers 600 av. J.-C.

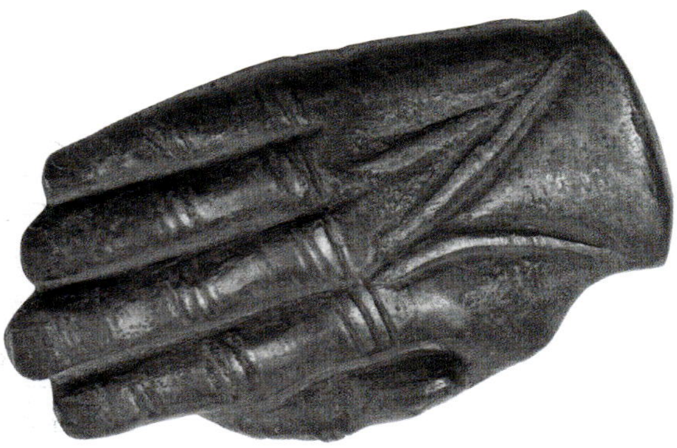

Tablette en bronze en forme de main, du IIe siècle av. J.-C. Une formule d'hospitalité en langue celtique y est gravée à l'aide de caractères ibériques.

vers – 5 millions
Les premiers êtres à marcher debout, les Australopithèques, apparaissent en Afrique. Leurs longs bras montrent qu'ils passent encore du temps dans les arbres, mais ils se déplacent aussi en marchant dans la savane.

vers – 3 millions
*Plusieurs espèces d'hominidés font leur apparition, toujours en Afrique. Ils marchent avec aisance, sont habiles de leurs mains et fabriquent des outils. D'où leur nom d'*Homo habilis.

Guerrier galate mourant, sculpté pour le sanctuaire d'Athéna sur l'Acropole de Pergame (en Turquie actuelle). Ces Celtes qui ont émigré vers les hauts plateaux d'Anatolie au IIIe siècle av. J.-C., sont si remuants que les Grecs d'Asie Mineure devront leur livrer une guerre acharnée à plusieurs reprises. De telles statues célèbrent leur victoire.

Carte de l'Europe celtophone (où subsistent des noms de lieux celtes), recoupant les zones où l'on a retrouvé des vases campaniformes et des champs d'urnes funéraires.

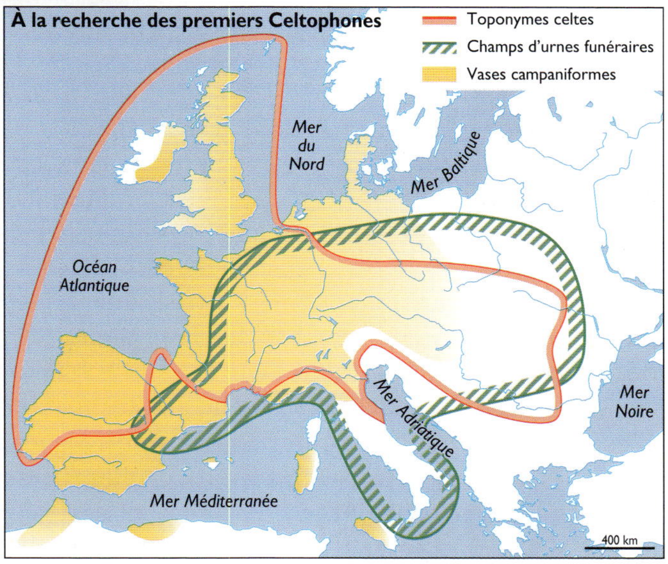

Les brumes de la préhistoire

Avant cette date, il n'existe aucun texte, mais seulement des vestiges archéologiques : objets, sépultures et monuments. Depuis quand ceux qui les ont fabriqués et construits s'exprimaient-ils en celtique ? On a longtemps cru que les premiers celtophones étaient apparus vers 1000 av. J.-C., à la suite d'invasions venues de l'est, car les archéologues constatent alors un changement de rituel funéraire : les hommes n'enterrent plus leurs morts dans des tombes mais les incinèrent et déposent leurs cendres dans des vases regroupés en vastes nécropoles appelées " champs d'urnes ". On sait aujourd'hui que ce changement de mentalité ne résulte pas d'invasions et l'on pense que les premiers locuteurs* celtes peuvent être apparus beaucoup plus tôt, dès la fin du néolithique, vers 2500 av. J.-C : les populations qui fabriquent à cette époque les vases campaniformes (en forme de cloche) occupent en effet un vaste espace qui se superpose assez bien à celui où l'on retrouve ensuite les noms de lieux celtiques.

Un patchwork sur deux millénaires

L'étude des Celtes anciens couvre ainsi les deux derniers millénaires av. J.-C. – les âges des métaux –, prolongés jusqu'au début du Moyen Âge dans les régions qui ne furent pas colonisées par Rome. Sur un tel espace et une telle durée, ce monde est un patchwork de communautés, aux modes de vie et de pensée fort variés, en constantes transformations. Les pages qui suivent invitent à les découvrir en parcourant par grandes étapes leur histoire mouvementée.

Vase campaniforme orné de bandes imprimées (3000 à 2000 av. J.-C.). On retrouve souvent ce type de vaisselle dans des tombes de l'âge du cuivre, accompagné d'armes : poignard, pointe de flèche, etc.

LES ÂGES DES MÉTAUX

À partir des matériaux et de la forme des objets, les archéologues subdivisent les âges des métaux en trois grandes périodes : l'âge du bronze, de 2000 à 1000 av. J.-C. environ ; le premier âge du fer ou époque de Hallstatt, de 1000 à 500 av. J.-C. ; le second âge du fer ou époque de La Tène, de 500 av. J.-C. à la conquête de la Gaule par les Romains (ou plus tard dans les régions non conquises)

vers – 1,5 million
Les premiers hominidés à peupler l'Europe, en pleine période de glaciation, sont des Homo erectus. Ils feront une découverte capitale : la maîtrise du feu.

entre – 130 000 et – 30 000
Les hommes de Neandertal, le seul rameau humain apparu en Europe, peuplent le continent jusqu'au Moyen-Orient. Ils sont les premiers à enterrer leurs morts.

L'aube des Celtes

Les premiers agriculteurs apparaissent en Europe occidentale vers 6000 av. J.-C. Désormais, les hommes élèvent bœufs, chèvres, moutons et porcs, défrichent la forêt à la hache de pierre et labourent leurs champs à l'aide d'un araire en bois. Sur de petites embarcations, ils parcourent les fleuves et naviguent le long des côtes et des îles. Rapidement, des innovations techniques bouleversent les transports : les échanges lointains s'intensifient et des sociétés plus hiérarchisées se mettent en place.

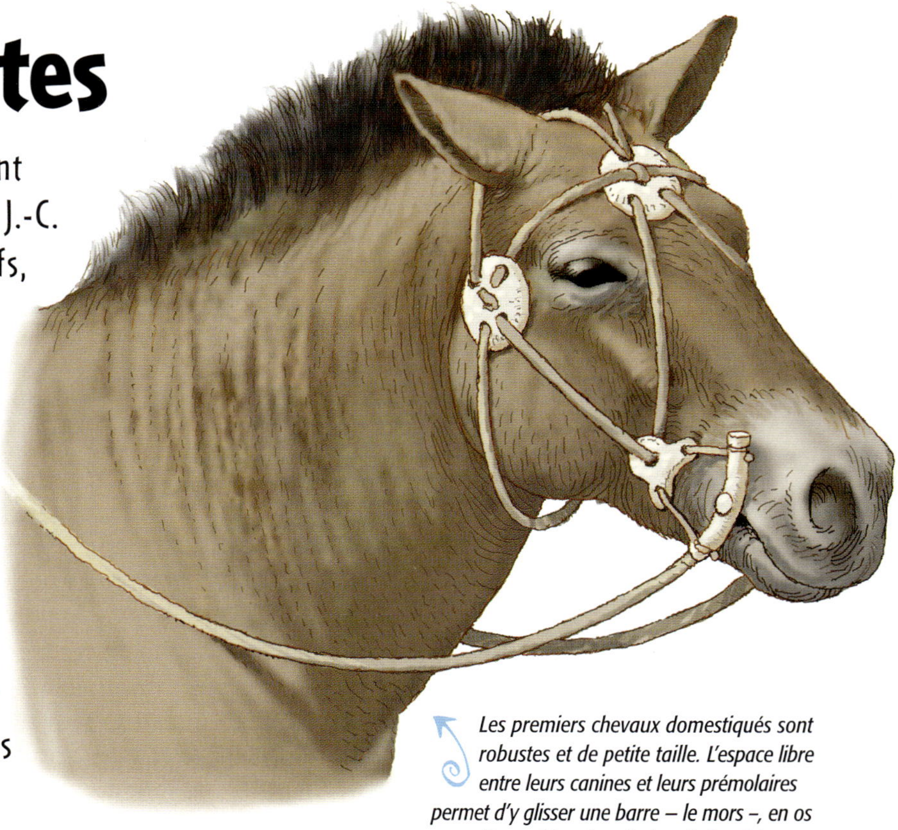

Les premiers chevaux domestiqués sont robustes et de petite taille. L'espace libre entre leurs canines et leurs prémolaires permet d'y glisser une barre – le mors –, en os avant l'apparition du métal, et de les diriger.

À la conquête des mers

Les améliorations apportées à la construction navale et à la navigation transforment les embarcations primitives en “ destriers des mers ”. Les hommes sillonnent assidûment la Méditerranée et l'océan Atlantique, favorisant la circulation et l'échange à très longue distance des marchandises, des idées et des hommes. Du Portugal à l'Irlande, en passant par la Galice, l'Armorique, la Cornouaille et le pays de Galles, émerge au gré des saisons et au fil des ans un vaste espace économique et culturel atlantique dont l'océan est le lien.

Le cheval, un atout décisif

Le cheval, qui ne fait pas partie du cheptel traditionnel, est domestiqué vers 4000 av. J.-C. dans les steppes d'Europe centrale, d'où son élevage se diffuse progressivement vers l'ouest. Monté, il offre à ceux qui peuvent en assumer le dressage et l'entretien un moyen de locomotion rapide. Il leur permet de surveiller des troupeaux plus importants et plus éloignés, mais surtout de contrôler un espace plus grand et de nouer des relations directes à très longue distance. Enfin, au combat, sa charge redoutable offre au cavalier un avantage décisif.

Reconstitution d'un bateau préhistorique d'après les vestiges des embarcations du XIIe siècle av. J.-C., trouvées à North Ferriby, dans le Yorkshire, en Angleterre. Il mesure 9 à 10 m de long et est formé de lattes de bois assemblées par couture. Trois bancs pouvaient être aménagés, permettant d'emporter six à sept personnes. Mû à la rame, il était dépourvu de quille et de gouvernail.

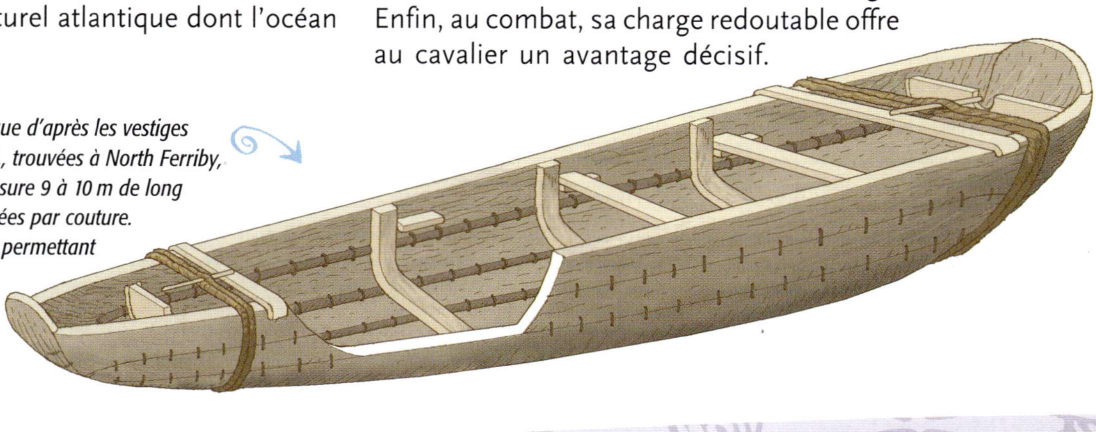

vers – 125 000 ans
L'homme moderne, Homo sapiens sapiens, *originaire d'Afrique, peuple l'Asie, le Proche-Orient et l'Europe, où il est connu sous le nom de Cro-Magnon. On lui doit les premières sculptures et grottes ornées.*

vers – 9000
Dans le “ Croissant fertile ” (l'actuel Irak), des chasseurs-cueilleurs, déjà sédentaires, domestiquent le mouton, la chèvre et le bœuf et cultivent diverses graminées qui deviennent des céréales. C'est la “ révolution néolithique ”.

L'invention de la roue

La roue, qui apparaît vers 3600 av. J.-C., est d'abord en bois plein, le plus souvent faite de trois planches savamment assemblées. Elle équipe de lourds chariots à quatre roues, attelés à des bœufs, qui peuvent désormais acheminer des produits lourds et volumineux, lentement certes, mais loin. Allégée par l'invention des rayons, elle équipera plus tard des chars légers à deux roues, tirés par des chevaux, lors des parades des chefs de guerre.

Lunule en or, découverte dans l'anfractuosité d'un rocher à Saint-Potan, dans les Côtes-d'Armor. Cette parure, finement gravée, devait être portée comme un large collier au début du IIe millénaire av. J.-C.

En 1991, on a découvert dans un glacier, à la frontière austro-italienne, un homme congelé, décédé il y a 5 300 ans ! " Otzi " devait être un personnage important : il avait un arc, des flèches et un carquois, une hache en cuivre, un couteau, des silex et de l'amadou pour faire du feu, un sac à dos et un récipient en écorce de bouleau. Il portait une cape faite d'herbes tressées par-dessus ses vêtements en cuir.

Trois mondes en un

Ces univers – la Méditerranée, le monde atlantique et le continent – ne sont pas étanches entre eux. Les chefs des communautés échangent des biens, d'autant plus prestigieux qu'ils sont rares et lointains. Des réseaux se mettent en place le long desquels circulent l'ambre de la Baltique, l'or ou même l'ivoire, mais aussi de magnifiques poignards en silex et de somptueuses haches perforées en pierre polie. Bientôt apparaissent les premiers objets en cuivre que l'on martèle pour faire des perles et des " armes ", à l'efficacité plus symbolique que réelle tant ce métal est malléable. L'origine mystérieuse de ces objets renforce le prestige et le pouvoir de celui qui les détient. Sans doute faut-il voir dans ces armes et parures extraordinaires des symboles et des cadeaux diplomatiques échangés entre grands. Ce peut être aussi le " prix de la fiancée " lors d'échanges matrimoniaux, gages d'alliances lointaines entre grandes familles, ainsi que le montre le dépôt de tels objets dans des tombes exceptionnelles. C'est dans ce contexte qu'arrive le premier vrai métal : le bronze.

vers – 6000
L'élevage et l'agriculture se propagent en Europe occidentale avec l'arrivée de petits groupes d'agropasteurs qui colonisent le pourtour méditerranéen par voie maritime et le nord-ouest du continent en remontant la vallée du Danube.

entre – 6000 et – 4000
Durant le néolithique, d'importantes innovations voient le jour : l'homme polit la pierre pour fabriquer des haches qui lui permettent de gagner des terres sur la forêt. Et il modèle les premières poteries, très utiles pour cuire des bouillies de céréales.

Partie abritée de l'atelier du bronzier où se fait la fusion.

Partie éclairée de l'atelier où certains objets, telles les épées, sont retouchés à froid sur une enclume ⑦ et recuits régulièrement pour qu'ils ne se fissurent pas. On les frotte ensuite avec du sable fin ou une peau ⑧. Le décor enfin est ciselé ou gravé à l'aide de poinçons ⑨.

Aux temps d'Ulysse

Vers 2500 av. J.-C., on apprend en Occident les secrets de la fabrication du bronze, bien plus résistant que le cuivre pur. Les premiers objets sont des parures et des armes d'apparat, mais très vite les hommes réalisent l'intérêt de ce nouvel alliage. Il servira désormais à fabriquer aussi des armes bien réelles et des outils, en particulier des haches de formes variées, et, plus tard, des lames de faucilles.

L'alchimie du premier métal

Le cuivre est un métal qui se rencontre dans la nature sous forme de pépites que l'on peut façonner directement pour fabriquer de menus objets. Il en va tout différemment du bronze, qui est un alliage entre deux métaux – le cuivre et l'étain – et n'existe pas à l'état naturel : il faut se procurer les deux composants et les fondre. Bien plus résistant que le cuivre, mais aussi bien plus difficile à obtenir, cet alliage a été découvert autour de 4000 av. J.-C. en Orient. Les secrets de sa fabrication se sont rapidement diffusés vers l'ouest. Les minerais sont extraits dans des carrières à ciel ouvert, puis plus tard dans des mines, et sont concassés, grillés, triés et réduits sur place. Chaque métal est ensuite fondu en lingots, acheminés jusqu'aux ateliers où les deux, mêlés, donneront le bronze. Les gisements des deux minerais étant localisés dans des régions très éloignées, de vastes réseaux d'approvisionnement se mettent en place dans toute l'Europe.

vers – 4000/ – 3000
En Europe occidentale, des communautés d'agriculteurs se mobilisent pour construire les tombes monumentales de quelques individus avec des pierres énormes : les mégalithes.

vers – 3800/ – 3500
Au Proche-Orient, les premières villes apparaissent dans le sud de l'Égypte et de la Mésopotamie, où les Sumériens inventent l'écriture cunéiforme. Les Égyptiens tracent les premiers hiéroglyphes vers –3300.

Secrets de fabrication

Le bronzier, qui sait liquéfier la pierre dure pour en tirer le métal doré, est perçu comme un magicien et ne travaille pas pour le premier venu. Lingots de cuivre et d'étain sont mis à fondre dans un creuset ①, puis le mélange est versé dans des moules en pierre ② qu'on utilise plusieurs fois, obtenant ainsi la production en série d'objets strictement identiques. Pour les petits objets dont la forme est compliquée – avec des creux et des bosses qui empêchent de les démouler – on recourt à la technique de la cire perdue. On modèle d'abord l'objet dans de la cire d'abeille qu'on laisse durcir ③. Puis on l'enveloppe dans un mélange de terre et de crottin de cheval qu'on laisse sécher en ménageant une ouverture. On chauffe ensuite ce " moule " ④ pour en chasser la cire fondue, qui s'écoule et qu'on remplace par du bronze en fusion qui en reprend l'empreinte ⑤. On brise ensuite le moule – qui ne sert donc qu'une seule fois – pour en dégager l'objet ⑥.

L'armement d'un chef de guerre du Ier millénaire av. J.-C. comportait un casque tenu par une jugulaire, une courte cuirasse formée d'un pectoral et d'une dossière attachés l'un à l'autre, des cnémides lacées au niveau des mollets, un bouclier rond, une lance et une épée.

Cuirasse de bronze du IXe ou VIIIe siècle av. J.-C., trouvée en Haute-Marne.

Le temps des héros

À la fin de l'âge du bronze, les communautés s'affrontent de plus en plus souvent et leur chefs deviennent des leaders de guerre. Ils sont équipés de pied en cap par le nouveau métal : poignards, épées, lances, casques, cuirasses, jambières (cnémides) et appliques du bouclier. Un armement aussi lourd ne permet que le combat singulier à pied, comme celui des héros d'Homère qui descendent de leur char pour combattre. Les bronziers réalisent aussi, en appliquant des techniques de travail jusqu'alors réservées à l'orfèvrerie, de grand chaudrons décorés, des tasses et des gobelets en tôle, destinés à la consommation ostentatoire de boissons fermentées et alcoolisées (*voir pp. 22-23*).

MALADIE PROFESSIONNELLE

Le traitement du minerai de cuivre dégage des gaz toxiques qui, respirés trop longtemps, affectent le sang et déforment les os. D'où sans doute la laideur et l'infirmité légendaires des bronziers. Héphaïstos, le dieu grec des métallurgistes, n'avait nul besoin d'être précipité par Zeus du haut de l'Olympe pour devenir boiteux…

vers – 3500
Sur les rives des lacs des Alpes et du Jura, des agriculteurs construisent les premiers villages lacustres, installés sur des pilotis.

vers – 2800/ – 2300
En Égypte, vers 2650, on construit les premières pyramides, dont la plus grande est celle de Chéops près du Caire. Avec ses 147 m de haut, c'est la plus imposante réalisation monumentale de l'Antiquité et l'une des Sept Merveilles du monde selon les Anciens.

Des maisons et des hommes

Héritiers des traditions néolithiques, les Celtes sont d'abord de brillants charpentiers. D'une région à l'autre, les formes des maisons et des bâtiments varient en fonction des matériaux disponibles et des mentalités. Certaines traverseront deux millénaires et parfois bien plus.

En bois et en terre

La plupart des maisons celtes sont construites en bois et en terre. Leur ossature est l'œuvre d'habiles charpentiers qui, avec un outillage très simple, savent équarrir et façonner le bois de mille façons, puis assembler solidement poteaux et poutres sans l'aide d'aucun clou ! Les murs sont en torchis, un mélange de terre et de paille que l'on plaque sur un clayonnage de branches souples entrecroisées. Pendant longtemps, le faîte du toit a reposé sur un poteau central, enfoncé dans le sol. Puis, les Celtes mirent au point des éléments de charpente (*en blanc sur le dessin*) qui permettaient de supprimer le support central et de dégager l'espace intérieur.

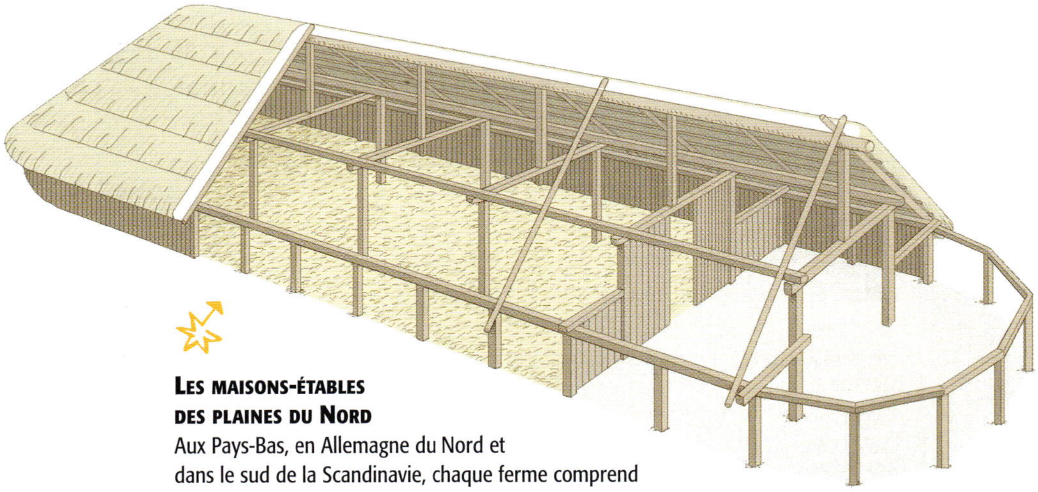

Les maisons-étables des plaines du Nord

Aux Pays-Bas, en Allemagne du Nord et dans le sud de la Scandinavie, chaque ferme comprend deux parties accolées : un espace de vie, à une extrémité, et une longue étable avec une allée centrale et des stalles de part et d'autre. Dans un même village, la longueur des maisons varie en fonction de l'importance de l'étable – l'habitation reste de taille comparable – car être riche, c'est avant tout avoir un grand troupeau et avoir les moyens de l'entretenir. Il faut stocker pour cela du fourrage en quantité suffisante pour nourrir les bêtes tout l'hiver.

Les maisons-blocs

En Europe continentale, et tout particulièrement en Gaule, dans les vallées et sur les plateaux, les fermes sont composées de plusieurs bâtiments : une ou deux habitations, entourées de granges, de hangars et de greniers (*voir DVD, ch. 03*). Il n'est pas certain qu'il existe des étables, car le gros du troupeau reste peut-être dehors pendant l'hiver.

vers – 2773
Les Égyptiens inventent le calendrier de 365 jours. Il est divisé en 12 mois de 30 jours, complétés par 5 jours supplémentaires.

vers – 2600
Les Égyptiens découvrent un processus artificiel pour préserver les cadavres de la décomposition : la momification.

Les *broch'* d'Écosse

Sur les côtes nord-ouest d'Écosse et dans les îles du Nord (Shetland, Orcades, etc.), les Celtes construisent pour se défendre de puissantes maisons en pierre, en forme de tours circulaires. Un corps de garde défend l'entrée et un mur d'enceinte protège l'ensemble.

Les maisons rondes des îles Britanniques

Les Celtes des îles Britanniques habitent le plus souvent une maison ronde dont la grande originalité est la charpente en forme de chapiteau, qui libère un vaste espace intérieur. On y trouve le foyer à même le sol et souvent un métier à tisser. Les animaux vivent à l'extérieur ou dans des bâtiments annexes. On sait depuis peu que ces maisons existent aussi sur les côtes de Picardie, de Normandie et de Bretagne.

Dans le Midi, des toits en terrasse

Dans le sud de la Gaule, à partir du Ve siècle av. J.-C., les paysans se regroupent en gros bourgs fortifiés, où les maisons sont des cases à salle unique, aux murs en pierre sèche ou en terre crue, donnant sur la rue. Les toits en terrasse, constitués d'un plancher végétal maçonné de terre, reposent sur des poutres. Il existe aussi des habitations plus individualisées, construites dans des cours entourées de murets en pierre, comme celle du tailleur de pierre de Tremaïe, en Provence (*ci-contre*).

En montagne, déjà des chalets !

Dans les Alpes, les forêts de sapins et d'épicéas offrent en abondance des arbres à fût bien régulier. Après les avoir écorcés, le montagnard les entrecroise horizontalement pour construire les murs sur lesquels repose la toiture. Ce chalet, qui ressemble à la cabane des trappeurs canadiens, est simplement posé sur le sol et peut s'accommoder d'une pente.

Les *crannogs* des lacs et marais

En Irlande et en Angleterre, mais aussi en Pologne, les hommes ont parfois installé leurs maisons et leurs villages en bordure de marais, sur des presqu'îles artificielles, construites en entassant des végétaux et du bois, bloqués par des pieux. L'eau sert alors de défense naturelle. Les cités lacustres des Alpes disparaissent, quant à elles, à la fin de l'âge du bronze.

vers – 2500
Invention de la roue à rayons, qui permet de réaliser des chars légers et rapides, tirés par des chevaux. Jusque-là, les roues étaient constituées d'un disque massif en bois, taillé dans un seul bloc ou bien composé de deux ou trois parties assemblées.

vers – 2000
En Crète, on construit les premiers palais et on invente une écriture qui n'est pas encore déchiffrée : le hiéroglyphique crétois. C'est le temps du légendaire roi Minos.

Porteurs de torques

Tout au long des âges des métaux, et plus particulièrement à l'âge du fer, les populations d'Europe de l'Ouest se singularisent par le port d'un collier, ouvert sur le devant : le torque. Hommes et femmes d'un certain rang l'arborent, aux côtés de fibules et de bracelets. Car à cette époque, la parure ne relève pas de la fantaisie, ni des goûts ou de l'humeur de chacun.

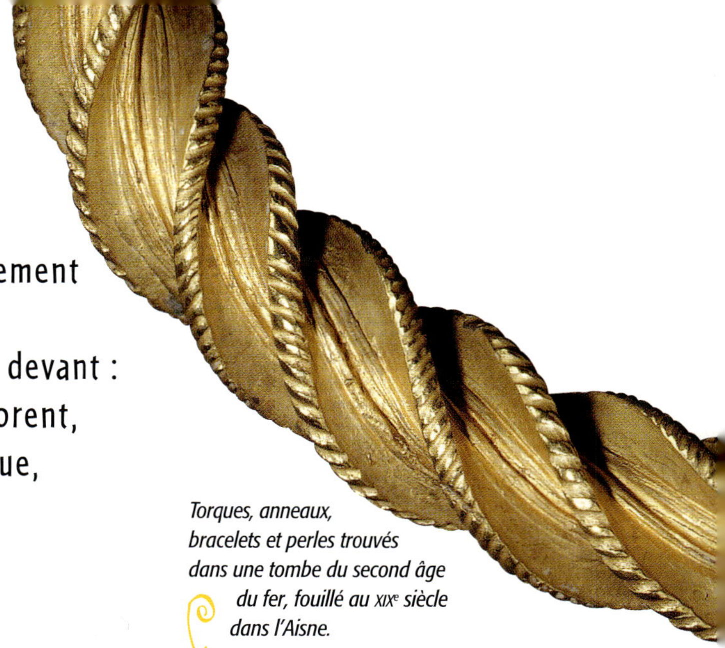

Torques, anneaux, bracelets et perles trouvés dans une tombe du second âge du fer, fouillé au XIXe siècle dans l'Aisne.

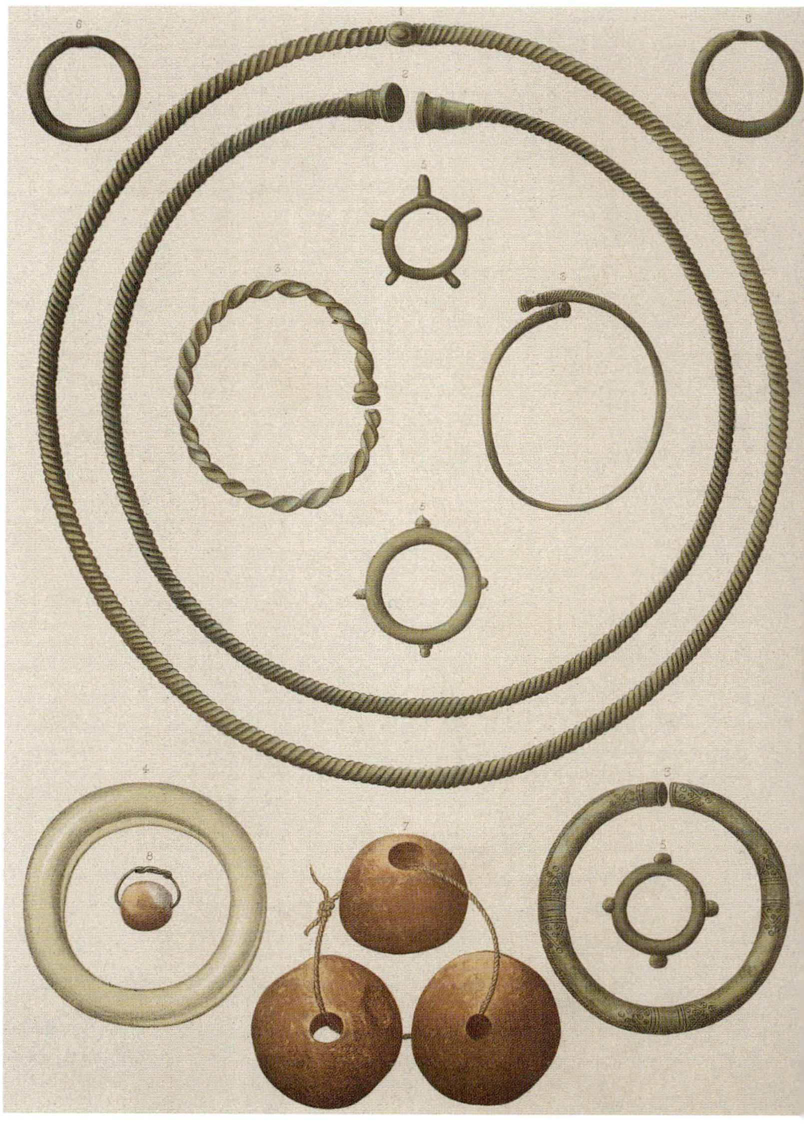

De l'importance d'être paré

On se pare selon les circonstances de la vie. La parure est un code, une sorte de passeport qui dit immédiatement qui l'on est : son âge, son groupe social, son clan, son ethnie, son rang... Et gare sans doute à celui qui déroge aux règles ! Bien plus que les bijoux eux-mêmes, ce sont ces codes oubliés que l'archéologue s'attache à retrouver en s'inspirant d'exemples ethnographiques actuels.

Des bijoux de la tête aux pieds

Les Celtes jouent sur un petit nombre de parures, qui sont généralement en bronze ou plus tard en fer, exceptionnellement en argent, en or ou en verre. Les plus courantes, selon les régions et les périodes, sont les bracelets ouverts ou fermés, portés aux poignets, simples ou par paires ; les anneaux de bras qui enserrent le biceps ; les anneaux de jambe et de cheville ; les épingles et, plus tard, les fibules, sortes d'épingles de nourrice ou de broches ornées qui fixent deux pans de vêtements sur le buste, la poitrine ou les épaules. Tous ces bijoux sont portés par les hommes comme par les femmes, à travers toute l'Europe. Mais ils les combinent différemment en jouant sur leur nombre, leur forme ou leur décor, leur richesse et leurs positions pour afficher leurs différentes identités.

vers – 2100
Le roi Ur-Nammu édifie dans la ville d'Ur (en Irak aujourd'hui) la première ziggourat de Mésopotamie. Cette tour à étages établit un lien entre le ciel et la terre et entre les dieux et les hommes.

entre – 1700 et – 1250
Apogée de la ville de Troie (au nord-ouest de la Turquie), évoquée plus tard par Homère dans l'Iliade. Un tremblement de terre détruit ses murailles vers – 1250.

Torque torsadé en or de la fin de l'âge du fer (IIe siècle-Ier siècle av. J.-C.).

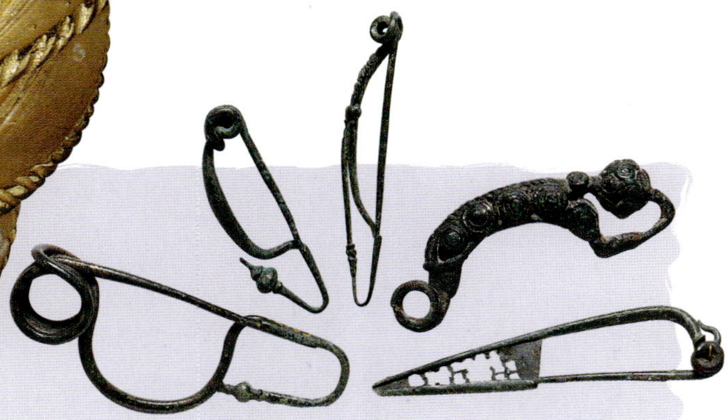

UNE MODE QUI DATE

Les fibules sont des broches qui servent à épingler le haut du vêtement, sur la poitrine ou les épaules. Très sensibles à la mode, elles changent de forme et de décor rapidement. Les archéologues s'en servent donc dater les vestiges. C'est ce qu'ils appellent un " fossile directeur " *(voir DVD, ch. 07).*

Statuette d'un dieu gaulois portant un torque autour du cou, trouvé à Euffigneix, en Haute-Marne (Ier siècle av. J.-C.). Un sanglier est sculpté sur son torse.

Le torque, symbole barbare

Il existe différentes parures de cou : colliers, pendeloques, etc. Mais la parure emblématique du monde celte des âges des métaux, l'objet qui plus qu'un autre lui confère une unité, c'est le torque : un collier de métal massif, le plus souvent ouvert et terminé par des tampons, porté avec l'ouverture devant. Il est parfois fermé par un crochet ou un fermoir (*voir DVD, ch.02*). Ces objets exceptionnels, dont aucun n'est identique, ont souvent donné lieu à de véritables prouesses techniques pour réaliser des décors extraordinaires ou au contraire pour obtenir des objets lisses, d'une parfaite élégance. Ce bijou, si étranger au monde classique, a tellement frappé les esprits par son exotisme qu'historiens et sculpteurs grecs et romains en ont fait le symbole par excellence du barbare.

L'attribut des puissants et des dieux

Les torques ne sont pas des bijoux anodins. Ils sont portés par des guerriers ou des femmes de haut rang. Par ailleurs, des torques en or massif, pesant plusieurs kilos, et qui ne peuvent donc être portés par des humains, ont été découverts dans des dépôts. Ils sont manifestement destinés aux dieux, dont plusieurs représentations nous montrent que c'est l'attribut par excellence. Le torque est en outre un symbole omniprésent sur les monnaies à la fin du second âge du fer, où il est figuré seul, porté au cou ou tenu à la main par des personnages au statut énigmatique (*voir p.63*).

vers – 1450
En Grèce, c'est le début de Mycènes et de la culture mycénienne. On invente une écriture, le " linéaire B " sur des tablettes en argile crue.

vers – 1500
La fabrication du fer est découverte par les Hittites, à la frontière de l'Iran et de la Turquie actuels. Les objets, puis la technique, se diffusent de proche en proche à travers la Méditerranée jusqu'en Europe, où elle est maîtrisée vers 1000-800 av. J.-C.

L'or blanc de Hallstatt

Cette bourgade des Alpes autrichiennes est célèbre depuis la découverte, au XIXe siècle, d'une nécropole si riche qu'elle a donné son nom à la période du premier âge du fer. Cette prospérité reposait sur l'exploitation d'une mine de sel gemme*.

À l'âge du fer, les puits sont percés en oblique pour atteindre plus rapidement les couches de sel.

Le sel, un moyen d'échange

Le sel est un élément très précieux car il permet de conserver la viande. Pendant la préhistoire, il est souvent utilisé comme " monnaie " : certaines communautés se sont très tôt spécialisées dans la production de cette denrée convoitée qu'elles échangent à longue distance contre des biens qu'elles n'ont pas. Elles fabriquent des pains de sel en évaporant l'eau de mer ou celle de sources salées, disséminées sur le continent. Mais ce processus de fabrication est long. Certains groupes se tournent donc vers l'exploitation du sel gemme que l'on extrait directement du sous-sol en creusant des mines. C'est ce que firent les habitants de Hallstatt dès 1300 av. J.-C.

vers – 1343
Le pharaon Toutankhamon décède à l'âge de 20 ans. Il est enseveli dans un tombeau de la vallée des Rois avec ses fabuleuses richesses. Howard Carter et Lord Carnavon le découvriront en 1922.

vers – 1200
Les premières civilisations monumentales apparaissent sur le continent américain : la civilisation olmèque au Mexique et la civilisation de Chavín au Pérou.

Une exploitation intensive

Dès le milieu de l'âge du bronze, les habitants de Hallstatt creusent des puits verticaux jusqu'à 200 m de profondeur pour atteindre le sel et aménagent au fond de la mine de vastes salles souterraines, étayées avec des rondins de bois. Le sel est extrait au moyen de pics en bronze, pilé en morceaux et hissé dans des sacs en laine. En surface, une partie est utilisée directement pour une véritable industrie du porc salé, tandis que le reste est exporté. Entre 700 et 300 av. J.-C., l'exploitation s'intensifie : on extrait désormais le sel sous forme de gros blocs qui sont remontés à dos d'homme à l'aide de sangles en cuir. Vers 300 av. J.-C., un violent glissement de terrain obstrue les entrées de la mine, qui est définitivement abandonnée. L'estimation des volumes extraits est impressionnante : 30 000 m^3 entre 1300 et 800 av. J.-C., 54 000 m^3 entre 800 et 300 av. J.-C...

Une mine archéologique

La fouille de la nécropole – plus de 4 000 tombes – et l'étude des objets découverts dans la mine (vêtements, chaussures, outils), conservés par le sel, permettent de connaître très précisément le mode de vie des mineurs de Hallstatt. Tout le monde travaille à la mine, hommes et femmes, jeunes et vieux. Toute la journée, les hommes manient le pic, tandis que les femmes et les enfants s'occupent plutôt du feu, des repas et du transport du sel vers la surface. Le travail est dur : l'étude des squelettes montre que les déformations physiques, dues à la répétition des mouvements, et les accidents sont nombreux. La richesse du mobilier des tombes indique toutefois que ce sort, proche du bagne, n'est pas réservé aux pauvres : même les plus riches partagent ce dur labeur.

vers – 1000
Les Phéniciens (actuels Syrie et Liban), grands marins et habiles marchands, développent l'écriture alphabétique. Ils la répandent dans le monde méditerranéen. Elle donnera naissance aux alphabets grec, étrusque et latin.

vers – 959
Sous le règne du roi Salomon, le royaume d'Israël connaît son apogée. Il fait construire le temple de Jérusalem pour abriter les Tables de la Loi confiées par Yahvé (Dieu) à Moïse.

Princesses et princes du nord des Alpes

Massalia, l'antique Marseille, au temps des Grecs. Selon la légende, ceux-ci furent invités dès leur arrivée par un roi local au mariage de sa fille, Gyptis. Conformément à la coutume, celle-ci choisit son futur mari parmi les invités et désigna Protis, l'un des chefs de la flotte grecque.

Au début de l'âge du fer, des princes fastueux - hommes et femmes - apparaissent soudainement au nord des Alpes. Par quel tour de passe-passe quelques familles sont-elles parvenues si vite à se hisser si haut ?

Citadelles et tombeaux insignes

Au VIe siècle, des citadelles entourées de murailles imposantes surgissent sur des promontoires dominant fleuves et rivières. Des artisans y travaillent des matières précieuses d'origine lointaine comme l'or, l'ambre, le corail ou l'ivoire. On y découvre aussi de vastes maisons dont les occupants, à côté de la vaisselle courante fabriquée localement, utilisent des vases de luxe à décor peint ou des récipients en bronze venus de Grèce et d'Étrurie. Ces importations concernent principalement le service de la boisson. On retrouve également sur ces sites des amphores ayant contenu du vin, breuvage alcoolisé et exotique que l'on ne produira sur place que bien plus tard (*voir pp. 22-23*). À leur mort, des personnages éminents, hommes ou femmes, sont enterrés somptueusement sous d'énormes tumulus* de terre élevés à proximité ; ils emportent avec eux des objets prestigieux qui rappellent leur mode de vie et leur statut social. Pour comprendre l'apparition de ces " princes ", il faut regarder vers les rivages de la Méditerranée.

Les tombes des princes et princesses celtes sont recouvertes par d'énormes tumulus de terre. Ils reposent au centre, dans une chambre funéraire creusée dans le sol et protégée par un coffrage de bois.

vers – 814
Fondation de Carthage, sur les côtes de la Tunisie actuelle, par des Phéniciens venus de la ville de Tyr. Au VIe siècle av. J.-C., cette cité deviendra la principale puissance en Méditerranée.

vers – 800
En Grèce, après les " siècles obscurs ", des petits États indépendants s'organisent en cités. Elles honorent Zeus, en l'honneur duquel sont organisés tous les quatre ans, depuis – 776, les Jeux olympiques dans le sanctuaire d'Olympie.

Marchands grecs et étrusques

À cette époque, Étrusques du nord de l'Italie et Grecs, poussés par le besoin de terres et le commerce, fondent des colonies et des comptoirs sur les côtes occidentales de la Méditerranée. Leurs cités, grandes consommatrices de bronze, ont d'énormes besoins en minerais de cuivre et d'étain, dont les plus riches gisements sont dispersés en terres barbares. Elles doivent aussi se procurer de très nombreux esclaves. Pour assurer ces approvisionnements, les colons sollicitent les services de petits chefs continentaux qu'ils s'attachent en leur faisant don de présents rares et convoités, comme des vases à boire et du vin. Forts de ces biens, ces chefs s'imposent à leurs semblables et redistribuent à leur tout une partie de leurs cadeaux à leurs voisins, qui deviennent ainsi leurs obligés. Ainsi se tisse un vaste réseau de dépendances en cascade qui draine, du nord vers le sud de l'Europe, des convois d'hommes et de matières premières, et canalise, en sens inverse, les caravanes des ambassades, chargées de leurs présents diplomatiques.

Trépied et chaudron en bronze d'origine grecque, trouvés à Sainte-Colombe-sur-Seine, en Bourgogne, dans la tombe d'un prince celte.

D'opulents intermédiaires

Les chefs dont le domaine se trouve au cœur de ce réseau sont privilégiés. Grâce à leur position géographique, ils peuvent monopoliser les échanges entre monde barbare et monde méditerranéen. Ce n'est donc pas un hasard si la quinzaine de résidences princières connues se déploient en arc de cercle au nord des Alpes, à égale distance des régions septentrionales et de la Méditerranée. Réparties à intervalles réguliers de la Bavière à la Bourgogne, elles sont en fait des centres de pouvoirs, politique et religieux, qui dominent des territoires de la taille de nos régions et regroupent de nombreuses tribus d'éleveurs-agriculteurs. Ces principautés, concurrentes entre elles, sont contrôlées par quelques familles dont les leaders de plus haut rang bénéficient de funérailles exceptionnelles, véritables mises en scène de leur puissance.

La citadelle princière de la Heuneburg, dans le sud de l'Allemagne. Elle fut aménagée au VIe siècle av. J.-C., sur un promontoire dominant le Danube. Le rempart s'inspire d'une technique grecque : une base de pierre sur laquelle est monté un mur de briques séchées au soleil.

vers – 753
Fondation légendaire de Rome par Romulus, qui trace à la charrue le sillon de l'enceinte de la future ville. Le calendrier romain compte les années à partir de cette date.

vers – 750
L'augmentaton de la population conduit de nombreux Grecs à créer des colonies en Méditerranée occidentale : Syracuse en Sicile est fondée par des Corinthiens, Tarente en Italie par des Spartiates. L'italie du Sud prend le nom de Grande Grèce.

vers – 700/ – 500
Apogée de la civilisation étrusque au nord de l'Italie, entre la mer Thyrrhénienne et la chaîne des Apennins, l'Arno et le Tibre. Forts de leurs mines et de leur maîtrise du métal, ils exportent armes et objets bien au-delà de la péninsule.

vers – 630
Invention de la monnaie sous forme de pièces métalliques en Lydie (Asie Mineure). Son usage se répand en Inde et autour de la Méditerranée aux siècles suivants.

Pompes aristocratiques

Beaucoup de tombes princières ont été fouillées anciennement et se résument aujourd'hui à une collection de poteries et d'objets, en bronze et en or. Découverte plus récemment, en 1978, une tombe exceptionnelle a livré une foule d'informations : celle du prince de Hochdorf, dans le Wurtemberg, en Allemagne, enterré vers 550-500 av. J.-C.

Les funérailles du prince de Hochdorf

Décédé entre 40 ans et 50 ans, le prince était inhumé dans une chambre en bois, au centre d'un tumulus. L'étude du squelette indique que le défunt était bel homme : grand (1,87 m), large de carrure, avec une taille svelte et très musclé. Les archéologues ont démontré que les funérailles n'ont eu lieu qu'environ un an après sa mort, le temps de construire le monument et de fabriquer les objets de luxe qui l'accompagnaient. Mais on ne sait comment le corps fut conservé pendant ce temps. La restauration des moindres fragments et l'étude des plus discrètes traces révèlent les derniers gestes de ces funérailles fastueuses : le défunt a été installé, paré, sur une longue banquette en bronze à quatre roues, sa tête reposant sur un coussin d'herbes tressées. Tandis que l'on remplissait le grand chaudron d'hydromel*, on a jonché le sol de fleurs. Le défunt et tout ce qui l'accompagnait – char compris – étaient emballés dans des étoffes variées. Le prince était coiffé d'un chapeau conique en écorce de bouleau, ses parures étaient en or, tandis que ses chaussures, le fourreau de son poignard et les cornes à boire étaient décorés à la feuille d'or. Le service à boire en bronze était tout aussi magnifique.

vers – 616
Les cités étrusques s'unissent et conquièrent, au nord, la plaine du Pô, et au sud, le Latium, puis la Campanie. Pendant un siècle, ils sont les maîtres de Rome où règnent les rois Tarquins.

Vers – 600/ – 550
C'est à cette date que remontent les plus anciennes écritures connues en langue celtique ; il s'agit d'inscriptions gravées sur pierre, découvertes dans le Piémont italien.

« In vino veritas* » ?

Les Celtes n'ont pas attendu le vin grec pour connaître l'ivresse : depuis longtemps, ils fabriquent des boissons alcoolisées à partir de miel et de grains fermentés. Ces " bières " sont consommées lors de festivités au cours desquelles les convives, emportés par l'ébriété, communiquent avec les dieux. Les puissants qui offrent ces festins justifient ainsi leur rang auprès des leurs. Pour surpasser leurs concurrents, ils introduisent un nouveau breuvage : le vin.

Le nectar des dieux

Les Celtes ne découvrent le vin qu'avec l'arrivée des Étrusques et des Grecs, au VIe siècle av. J.-C. Denrée rare, plus alcoolisée que la bière, et dont la couleur évoque le soleil et le sang, le vin devient vite le breuvage favori de ces grands rituels. Ceux qui peuvent s'en procurer deviennent des intercesseurs privilégiés avec les dieux : le vin, en renforçant leur rôle, leur donne peut-être le monopole du sacré. Comme chez les Grecs, le vin n'est pas bu pur mais coupé d'eau. C'est un breuvage fort, épais, dans lequel macèrent des aromates variés dont le goût s'ajoute à celui de la poix, qui tapisse les amphores. Il est mélangé dans de gigantesques récipients en bronze, les cratères*, où l'on puise avec de longues louches pour remplir les vases à boire ou les coupes. Afin d'éviter en bouche des surprises désagréables, on le filtre dans des passoires qui retiennent les impuretés.

L'un plus beaux services à boire a été découvert à Vix, en Bourgogne, dans la tombe d'une princesse. Le cratère grec est le vase le plus grand que l'Antiquité nous ait livré : une capacité de 1 100 l !

Cette scène, gravée sur un seau en bronze du Ve siècle av. J.-C., montre un personnage, au large chapeau, se faire servir à boire, tandis qu'un autre emporte deux vases à vin qu'il va remplir. À droite, on aperçoit une sorte de buffet où sont alignées des cruches.

vers – 600

Des Grecs, venus de la cité de Phocée (sur la côte ouest de la Turquie), fondent la colonie de Massalia au-dessus d'un port naturel bien abrité, où se dresse aujourd'hui Marseille. La présence grecque s'affirme sur des côtes jusqu'ici fréquentées par les Étrusques.

vers – 560

Le prince Siddharta Gautama naît dans le nord de l'Inde. Il est le fondateur de la religion bouddhiste qui se répandra en Asie après sa mort.

MADE IN GAULE

Selon Pline l'Ancien, les Gaulois ont inventé le feutre, une laine non tissée et détrempée au vinaigre, qui donne un tissu très résistant au fer comme au feu. Experts du rembourrage, ce sont eux également qui introduisent à Rome l'habitude de dormir sur des matelas en laine, alors que l'usage était jusque-là de se contenter d'une simple paillasse.

Dispositif de tissage aux tablettes. Chaque tablette régit quatre fils et donne naissance à une torsade. Ce mode de tissage était utilisé pour de faibles largeurs : des bandes étroites, telles que lanières ou sangles.

Fibres et couleurs

On file la laine, mais on utilise aussi les crins de blaireau, de cheval et de vache et même les soies de porc, pour des cordelettes notamment. Chanvre et lin sont cultivés pour leurs fibres qu'il faut rouire* longuement dans l'eau et peigner avant de les filer, tout comme l'ortie, cueillie au bord des chemins. Racines, feuilles et fleurs des plantes sauvages sont fermentées, macérées ou bouillies pour fabriquer des teintures : le bleu de la guède*, les vert, violet, ocre, rouge, orangé, brun et jaune des sureaux, airelles ou écorces de bouleau... Pour fixer les colorants, les fils – ou les tissus pour les pièces unies – sont préparés à l'alun (poudre minérale) ou à l'urine, puis plongés à chaud dans des bains, ou mis à macérer à froid avec les plantes en fermentation.

Reconstitution de tissus d'après les échantillons trouvés dans la tombe du prince de Hochdorf.

Des tissus pour quoi faire ?

Penser chiffons, c'est d'abord penser vêtements. Il faut avouer qu'avant l'époque romaine et ses sculptures, on connaît très mal la garde-robe des Celtes : des tuniques et des blouses, des jupes, des capes et des chausses, et les fameuses braies, ancêtre du pantalon. L'archéologue est heureux quand il découvre une empreinte de tissu conservée sur quelques centimètres par les oxydes métalliques ! Sauf conditions très exceptionnelles, il est difficile de reconstituer l'habit en entier. Les belles étoffes servent aussi à confectionner les couvertures que l'on offre, les tentures magnifiques qui parent les murs de la maison du maître ou les parois de sa tombe, ou bien encore les tissus rares qui emballent les objets précieux.

vers – 490
Le roi perse Darius tente d'envahir la Grèce mais il est vaincu à Marathon. Le fantassin grec, envoyé à Athènes pour annoncer la nouvelle, y meurt d'épuisement à son arrivée. C'est en sa mémoire que la plus longue course de fond (40 km) s'appelle... le marathon.

vers – 460/ – 430
Athènes connaît son apogée et prend la tête d'une coalition rassemblant de nombreuses cités. C'est le siècle de Périclès, qui renforce la démocratie : les citoyens mâles votent les lois, décident de la paix ou de la guerre et élisent leurs gouvernants.

Un nouveau métier : forgeron

La fabrication du fer débute en Europe occidentale vers 750 av. J.-C. Les archéologues du siècle dernier, témoins de la révolution industrielle et de la construction de la Tour Eiffel, l'ont naturellement pris comme repère décisif pour marquer le début d'une nouvelle époque : l'âge du fer. Mais qui sont donc les premiers forgerons, avant que le métal gris ne transforme irrémédiablement paysages et sociétés ?

La magie du fer

Inventé en Turquie vers 1500 av. J.-C., le travail du fer se propage rapidement en Europe, car il permet de fabriquer des armes plus résistantes que celles en bronze. Il offre aussi une plus grande autonomie car le minerai existe un peu partout : on n'a plus besoin de dépendre des vastes réseaux d'alliances que la géographie du cuivre et de l'étain imposait. La contrepartie, c'est un travail beaucoup plus lourd et complexe. Le minerai, extrait en puits ① ou en mines, est d'abord concassé ②, grillé ③ et trié sur place pour ne garder que les grains les plus riches. On les introduit ensuite dans un bas fourneau en argile ④, chauffé au charbon de bois. Il faut monter la température du four à 1 500 °C à l'aide de soufflets, ce qui demande également beaucoup de combustible. Au bout de quelques heures, la base du fourneau accouche non pas de fer liquide, mais d'une masse spongieuse et brûlante – un mélange de fer, de scories et de charbon de bois appelé loupe – que l'on martèle longuement en la réchauffant pour éliminer les impuretés. On obtient ainsi un bloc de fer pur auquel on donne la forme de lingots, appelés lopins. C'est à partir de ces lopins, qui circulent et sont échangés, que l'on va fabriquer des objets. Un nouvel artisan est né : le forgeron.

À l'époque celtique, on exploite le fer sur le lieu d'extraction. Ce minerai est l'élément chimique le plus abondant de la planète mais il s'oxyde facilement.

Le fer était commercialisé en lingots de différentes formes : barres minces munies d'une extrémité courbe, blocs bipyramidaux aux pointes effilées, etc.

vers – 450
L'historien grec Hérodote voyage en Italie et en Égypte. Il évoque au passage les Celtes installés en Europe occidentale et dans les plaines du Danube.

vers – 400
Les Celtes transalpins (originaires du nord des Alpes) s'installent par vagues successives en Italie du Nord, sur le territoire étrusque.

↗ La forge était à l'abri dans un petit bâtiment en bois, mais elle était souvent complétée à l'extérieur par un autre foyer. Sur son enclume le forgeron martèle à chaud le métal pour le façonner.

ABONDANT MAIS RARE

Tous les objets en fer des Celtes conservés dans les musées permettraient de construire… une centaine de mètre de rails de chemin de fer. Un recyclage systématique des pièces usagées et la corrosion du métal en ont sans doute fait disparaître bon nombre. Bien que le minerai soit très abondant, la complexité technique pour extraire le fer en faisait un métal de haute valeur. Il n'était pas rare d'utiliser des lingots comme " monnaie " lors des transactions.

As du marteau et de l'enclume

Le forgeron n'est pas un artisan tout à fait comme les autres. C'est un spécialiste de haut niveau qu'une longue expérience a initié aux secrets du fer. Il en connaît les différentes qualités et maîtrise des techniques d'élaboration sophistiquées. Même s'il forge aussi des parures et des outils, il se consacre d'abord à la fabrication des armes et notamment des épées. Il travaille en étroite collaboration avec les guerriers, adaptant leur équipement à leurs besoins – selon qu'ils sont fantassins ou cavaliers – et aux nouvelles techniques de combat apprises en Méditerranée par les mercenaires. Parmi ses inventions les plus originales figurent le fourreau, en fine tôle de fer pour protéger le fil et la pointe de l'épée, les systèmes de suspension des chaînes de ceinturon, faites avec des maillons autobloquants pour faciliter les mouvements du combattant, sans oublier le casque en fer et la cotte de mailles... (*voir DVD, ch. 05*) C'est au forgeron que revient pour une large part la supériorité des Celtes sur leurs adversaires. Ses armes sont tellement réputées qu'elles sont parfois adoptées par eux.

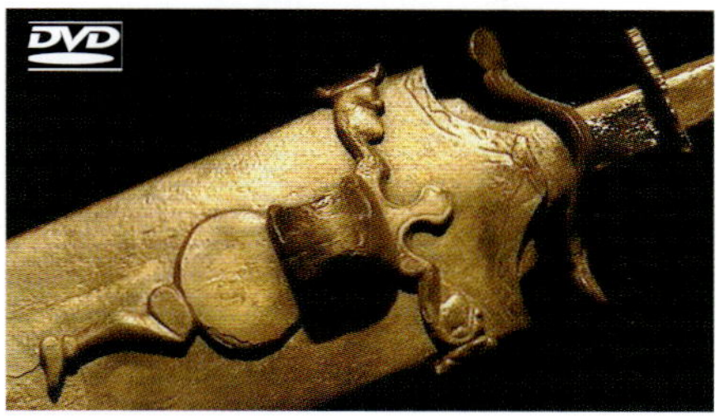

↗ Fourreaux et torques sont ornés de motifs et de figures savamment travaillés, au pouvoir sans doute protecteur.

Effets spéciaux

Une très grande attention est portée au décor des plaques de fourreau. Au prix de véritables prouesses techniques et artistiques, le forgeron les orne de scènes de bataille, et plus tardivement d'énigmatiques motifs mi-végétaux, mi-animaux où se dissimulent dragons affrontés, oiseaux, lyres et autres monstres d'une mythologie oubliée. Ils semblent fonctionner comme emblèmes et signes protecteurs, à la manière de blasons héraldiques. Être forgeron, c'est donc aussi connaître le code caché des images. Tout un savoir et un savoir-faire qui se transmettent peut-être de génération en génération, au sein des mêmes familles.

vers – 385
Bataille de l'Allia, où les Gaulois mettent en pièce l'armée romaine. Ils prennent Rome qu'ils occupent durant sept mois, mais échouent à s'emparer du Capitole, gardé par des oies qui donnent l'alarme en pleine nuit.

vers – 369
Des mercenaires celtes à la solde de Denys de Syracuse combattent dans le Péloponnèse.

L'avènement des guerriers-paysans

Au début du Ve siècle, les résidences princières sont abandonnées et les grands aristocrates du nord des Alpes disparaissent. On commence à deviner pourquoi, et l'on sait au profit de qui. Les Celtes historiques, qui naissent de ces bouleversements, ne tarderont pas à faire parler d'eux.

La chute des princes

Assez brusquement, au début du Ve siècle, les résidences princières s'effondrent et l'on cesse d'ériger de fastueux tumulus pour leurs résidents. Dans la foulée, au nord, de la Bohême à la Marne en passant par le Rhin, ce sont des milliers de tombes regroupées en centaines de cimetières qui prennent le relais. Les fameuses sépultures à chars ne disparaissent pas, mais ce sont désormais des chars à deux roues, et elles sont infiniment plus nombreuses : rares sont les nécropoles qui n'en comportent pas au moins une, d'homme ou de femme selon les cas. Le mobilier déposé, même s'il compte toujours des importations lointaines, est plus modeste. Une myriade de petits princes prennent au nord la place de quelques grands. Ils captent directement et sans partage les échanges avec la Méditerranée. C'est sans doute le résultat d'un bouleversement économique : les civilisations méditerranéennes, dont les besoins en métal et en esclaves vont croissant, étendent leur emprise de plus en plus loin et repoussent vers le nord le cœur des réseaux d'échanges. On peut y voir aussi une révolution politique, la rébellion des petits chefs et clients contre l'oppression des princes. Car maintenant, tous les hommes ou presque sont enterrés en armes. Si le premier âge du fer est le temps des princes, le second est celui des guerriers-paysans.

Mobilier d'une tombe de guerrier découverte au XIXe siècle, à Chassemy, dans l'Aisne, dans une grande nécropole du second âge de fer. On distingue une épée et son fourreau, un poignard, un couteau, un anneau de bras, une fibule.

Une nouvelle société

Les cimetières, distants de quelques kilomètres, regroupent les morts de petites communautés agricoles, composées d'une poignée de familles totalisant soixante à cent personnes. Chaque communauté exploite un terroir de la surface de nos communes actuelles. Les cimetières en reflètent précisément l'organisation sociale. Les morts, inhumés*, y sont regroupés par familles. Les objets déposés dans la tombe lors des funérailles distinguent les hommes – qui portent armes et parures – et les femmes, qui portent uniquement des parures (*voir DVD, ch. 02*). Mais ils différencient aussi les familles entre elles. Au sommet, une seule famille détient le privilège d'enterrer certains des siens, homme ou femme, dans une tombe à char avec un riche mobilier, et c'est probablement elle qui dirige la communauté. À la base, certains inhumés n'ont qu'un vase ou même rien. Le décompte de la population enterrée laisse penser que les plus pauvres – esclaves ou prisonniers – sont exclus de tels cimetières, mais le sort réservé à leur dépouille reste un mystère.

vers – 336
Mort de Philippe II de Macédoine, père d'Alexandre le Grand. Ses monnaies d'or sont bientôt imitées par les premiers monnayages celtiques.

vers – 335
Alexandre le Grand, roi à l'âge de 20 ans et maître de la Grèce, reçoit sur le Danube une ambassade celtique. Il part ensuite à la conquête de l'Orient, en commençant par l'Asie Mineure et la Perse (Iran). Il meurt à Babylone, en – 323, à 33 ans.

Nécropole du second âge du fer de Bucy-le-Long dans l'Aisne. Des sépultures privilégiées, au centre d'un enclos, sont entourées de centaines de tombes plus modestes. Toutes les nécropoles découvertes dans l'Aisne et en Champagne laissent entrevoir le même type de communautés organisées en chefferies.

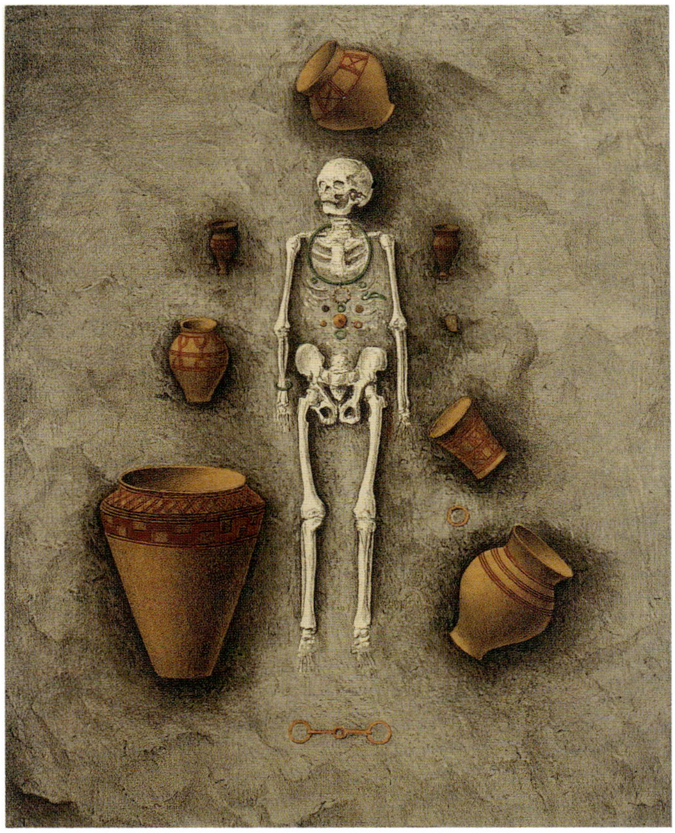

Relevé d'une tombe féminine fouillée dans les grévières de Ciry-Salsogne (Aisne), en 1877.

Des terroirs aux clans et aux tribus

Les décomptes montrent aussi que ces communautés sont trop petites pour se reproduire seules, et que les mariages se contractent nécessairement à l'extérieur, soudant ainsi des alliances à plus vaste échelle. Le style des bijoux et des vases confirme bien l'existence de ces regroupements plus larges, en lignages, clans et tribus. On détecte même des échanges matrimoniaux à travers l'Europe, entre la Bohême et la Champagne par exemple. Ils montrent que c'est la femme qui vient résider dans la famille de l'époux.

vers – 310
Le roi Chandragupta Maurya fonde un vaste empire en Inde. Son fils Ashoka conquiert presque toute l'Inde et se convertit au bouddhisme. La dynastie des Maurya régnera jusqu'en –184.

vers – 312
Séleucos fonde la dynastie des Séleucides, en Iran. En 301 av. J.-C., à l'issue de la bataille d'Ipsos, son empire recouvre la Mésopotamie, l'Iran, la Syrie et la Bactriane. Il prend pour capitales de nouvelles villes : Antioche en Syrie et Séleucie sur le Tigre.

Le labeur de la terre

L'agriculture est prospère. La douceur des climats et la richesse des terres y sont pour quelque chose. Mais aussi le savoir-faire des paysans qui possèdent une solide connaissance des plantes et des animaux. Ils maîtrisent un large éventail de techniques pour parer aux catastrophes naturelles. Offrandes et sacrifices permettent de se prémunir contre les caprices des dieux, et les armes contre la furie des hommes.

Des céréales à foison

Les Celtes cultivent une variété considérable de céréales : certaines se sèment à l'entrée de l'hiver, d'autres au printemps, ce qui permet de compenser les pertes sur une même parcelle en cas de fortes gelées. De même, le paysan sème souvent un mélange de deux espèces de céréales ou plus, dans le même champ, pour multiplier les chances d'obtenir une bonne récolte. On cultive ainsi divers blés – épeautre, amidonnier, engrain, froment – ainsi que l'avoine, le millet commun et deux orges. Les céréales sont surtout destinées à confectionner des galettes et des bouillies. Seule la farine fine du froment et de l'épeautre lève pour faire du pain. Pour la moisson, on cueille les épis à la main dans des paniers, et le chaume reste sur le champ, où l'on laisse ensuite paître les troupeaux. Les déjections animales et les cendres des chaumes brûlés enrichissent le sol. Certains paysans coupent aussi les céréales à la faucille, en gerbes, ou même les arrachent tout simplement avant de séparer le grain de la paille qui donne le chaume des toits et la litière des animaux.

L'usage de la faucille en fer se développe au second âge du fer, comme celui de la faux qui apparaît vers la même époque en Suisse et dans le sud de l'Allemagne.

vers – 310
Des mercenaires celtes sont présents en Afrique (Égypte, Afrique du Nord).

vers – 300
Pour se protéger des barbares venus des steppes, les États du nord et de l'ouest de la Chine construisent des remparts. Reliés entre eux vers – 221, ils formeront la fameuse "Grande Muraille" dont on visite encore des tronçons aujourd'hui.

On travaille les champs à l'araire : doté d'un soc en fer, cet instrument permet d'aérer et d'ameublir la terre mais pas de la retourner, contrairement à la charrue.

Au nord, des fermes isolées

Il en va différemment dans les vastes plaines et plateaux du Nord, où l'on ne connaît pas alors de bourgs d'agriculteurs. Les fermes, composées d'un bâtiment d'habitation et d'annexes, sont dispersées ou parfois regroupées en modestes hameaux. Ces fermes ne durent guère plus d'une génération, tandis que les nécropoles accueillent pendant un ou deux siècles les morts d'une même famille : le cimetière est le centre symbolique du terroir, grand comme nos communes ; les fermes gravitent autour au rythme de déplacements cycliques, tous les trente ans environ. Les terres abandonnées à la friche servent à faire pâturer les troupeaux et se régénèrent jusqu'au défrichement qui précédera une nouvelle installation. Dans les landes et campagnes d'Armorique, en revanche, des fermes fortifiées aristocratiques – sorte de manoirs – sont occupées, moyennant des agrandissements successifs, pendant plusieurs siècles.

Des plantes à tout faire

On cultive aussi des pois, des lentilles et des fèves, ainsi que, dans le Nord, le lin et le chanvre pour l'huile des graines et les fibres des tiges, dont on fait cordes et tissus. Les légumes, les fruits frais et les plantes médicinales sont cueillis dans les friches, en lisière de forêt et au bord des champs.

Dans le Midi, des villages

L'essor de la métallurgie, gourmande en bois de chauffe, les défrichements incessants de nouveaux sols et le surpâturage contribuent à faire reculer la forêt, encore très présente. Peut-être même pratique-t-on déjà l'émondage, qui consiste à couper les branches plutôt que l'arbre pour les laisser repousser : le feuillage donne du fourrage et les branches du combustible. Dans les garrigues méditerranéennes, les paysans se regroupent en gros villages fortifiés dont les cases s'alignent le long de ruelles parallèles ; les champs, clos de murets en pierre sèche, et les troupeaux demeurent à l'extérieur. Des bergeries isolées prouvent que l'on garde les troupeaux loin des terres entourant le village. Vignes et oliviers occupent une surface croissante autour des villes fondées par les Grecs.

Pour séparer l'épi de la tige ou les graines de l'épi, les Celtes utilisaient un tribulum : traîneau de bois hérissé de lames de silex, tracté par des animaux.

vers – 298
Des Celtes s'installent en Thrace (actuelle Turquie d'Europe, au sud de la Roumanie et de la Bulgarie, et au nord-est de la Grèce).

vers – 295
Bataille de Sentinum, au cours de laquelle les Gaulois et leurs alliés étrusques sont défaits par l'armée romaine.

Gare aux souris !

Pour semer à nouveau et échapper aux disettes, il faut faire des réserves. Les Celtes sont des experts en la matière. Ils conservent et stockent leurs récoltes différemment selon la nature des denrées et ce qu'ils veulent en faire.

Conserver dans la terre

Une façon traditionnelle de conserver de grandes quantités de grains est de les verser dans une cavité creusée dans le sol : le silo. Si on le bouche hermétiquement, les grains qui commencent à germer “ respirent ” en dégageant du gaz carbonique qui sature rapidement la chambre ; ce gaz interrompt la germination et protège en même temps la récolte des animaux nuisibles (souris, insectes, etc.). Le silo présente toutefois un inconvénient majeur : une fois ouvert, le grain ne se conserve pas et doit être utilisé rapidement. Cette technique est donc adaptée pour conserver les semences – qui sont extraites en une seule fois au moment des semailles –, ou de grandes quantités utilisées en une seule fois, comme lors de la fabrication de la bière. Le silo est aussi une réserve de sécurité en cas de pénurie, mais, dans ce cas, il faut consommer le grain rapidement, donc le partager entre familles avant qu'il ne se gâte. Sans parler du goût particulier que prennent bouillies et farines faites avec de telles céréales !

Au premier plan, deux paysans remplissent un silo. On aperçoit sur la droite la coupe d'un autre de ces réservoirs souterrains. En arrière-plan se profile un grenier ; les rondelles de pierre qui surmontent les poteaux servent à empêcher les rats de grimper.

vers – 290
Construction du fameux phare d'Alexandrie, ville fondée en Égypte par Alexandre. Haut de 135 m, c'est l'une des Septs Merveilles du monde. Il sera détuit au XIVe siècle par un tremblement de terre.

vers – 280/– 279
Grande expédition contre la Macédoine et la Grèce : c'est au cours de celle-ci que des Celtes, sous les ordres de Brennus, saccagent le sanctuaire de Delphes.

Des greniers aérés

Le grenier remédie à ces inconvénients : le grain est stocké en tas ou en sacs, dans lesquels on puise au gré des besoins. Mais construire un grenier représente un investissement lourd, et cette technique exige d'autres précautions : le grain est moissonné à maturité (ce qui entraîne des pertes) et doit être séché à l'air. La récolte doit, en outre, être protégée des rongeurs et autres parasites attirés par ce festin. Cela n'est pas simple, car le chat domestique – qui nous vient d'Orient – n'est pas encore acclimaté. Et les archéologues n'ont jamais retrouvé de tapettes à souris !

Intérieur d'une case du Midi : le long des murs sont alignés des vases de stockage et des silos maçonnés dans le sol.

Les dolia étaient de grands vases de réserve en céramique.

Des vases à provisions

Enfin, pour conserver les provisions nécessaires aux besoins quotidiens, on utilise de très grands vases, les *dolia*, qui contiennent aussi bien du grain que des liquides. Munis de couvercles en céramique, en bois ou en peau, ils protègent les aliments à portée de main, dans la maison ou dans des caves attenantes. Ces trois techniques de stockage – silos, greniers et vases – sont utilisées de façon complémentaire. Les greniers, généralement perchés sur quatre poteaux, sont regroupés dans les enclos près des maisons, d'où on les surveille aisément. Plus faciles à dissimuler et moins sujets au vol, les silos se dispersent souvent en batteries dans la campagne, à proximité des parcelles à ensemencer, épargnant ainsi à l'agriculteur un transport inutile.

Blé à revendre

Pendant longtemps, la production agricole demeura à l'écart du commerce. Ceux qui contrôlent les réserves ont la lourde responsabilité de la survie de la communauté et n'échangent avec les contrées lointaines que des biens de prestige. Mais, au cours du second âge du fer, les choses changent avec le développement des moyens de transport et l'apparition de villes (*voir p. 66*) : on transporte et échange désormais les grains sur de longues distances. Les archéologues constatent que les réserves quittent alors fermes et hameaux, et que les silos disparaissent au profit des greniers, qui permettent une gestion plus souple des grains. Une partie au moins de la production est ainsi centralisée entre les mains de marchands : la gestion des récoltes devient un puissant levier de pouvoir. C'est auprès de ces notables que César s'approvisionnera pour nourrir ses troupes lors de la conquête.

vers – 278/ – 275
Des Celtes passent en Asie Mineure (Turquie). Après avoir été vaincus par Antiochos Ier, ils reçoivent un territoire d'Anatolie qui devient la Galatie. D'autres fondent en Thrace l'éphémère royaume de Tylis, qui s'effondrera vers 213 av. J.-C.

vers – 270
L'Étrurie est définitivement soumise par Rome qui fonde la colonie d'Ariminium dans la plaine du Pô.

Tête de bélier ornant un chenet. Cet objet, utilisé pour retenir les bûches, est souvent décoré de têtes d'animaux (taureaux, béliers), considérées comme des images protectrices.

Élevage et salaisons

Les Celtes élèvent bœufs, moutons, chèvres et cochons, pour leur viande, leur lait ou leur laine, dans des proportions qui varient selon les régions. À l'époque de la conquête, les Gaulois sont déjà réputés pour leur copieuse nourriture : ils consomment beaucoup plus de viande qu'à Rome.

La dure loi du troupeau

Dans le Midi sec, le mouton domine. C'est déjà un pays de transhumances où l'on emmène les bêtes vers les prairies d'altitude ou dans les lagunes littorales. Au nord, dominent le porc et le bœuf. Les animaux sont de petite taille par rapport à ceux d'aujourd'hui, ce qui n'est pas forcément un inconvénient au moment de l'abattage ou lorsqu'on marie sa fille et qu'il faut payer la dot : car l'on compte en nombre de têtes et non en poids de viande. La reproduction du cheptel est contrôlée et l'on garde peu de mâles. L'âge d'abattage des animaux varie selon leur utilité : on tue beaucoup de jeunes – veaux et agneaux – si l'on recherche le lait ; et au contraire des animaux vieux quand il s'agit de produire de la laine ou de l'énergie, comme les bœufs d'attelage. Les chevaux, longs à dresser et coûteux à entretenir, sont peu nombreux par ferme. Bien que consommés, ils sont surtout destinés à être montés. En plus de la viande et de la graisse, l'animal fournit cuir et peau pour la sellerie et la pelleterie, os et cornes pour la tabletterie, ainsi que boyaux et tendons. Selon Jules César, le lièvre, la poule et l'oie sont pour les Bretons des nourritures interdites, mais ils en élèvent pour le plaisir.

Les Celtes tondent leurs moutons avec des cisailles en fer, appelées " forces ". Le mouton gaulois devait ressembler à l'actuelle race de Soay : petit (55 cm au garrot), de grandes cornes et une toison abondante.

vers – 274
Des mercenaires celtes combattent en Grèce du Nord.

vers – 264/ – 261
Rome et Carthage s'affrontent pour la domination de la Méditerranée. Lors de la première guerre punique, Carthage perd la Sicile qui devient province romaine.

Viande salée ou fumée ?

Pour avoir de la viande disponible, le plus simple est de garder la bête sur pied, mais l'hiver, cela est coûteux en travail et en fourrage. Mieux vaut abattre un animal à l'automne, au moment où il est le plus gras et donc apporte le plus de calories. Dans tous les cas, après l'abattage on se retrouve face à une grande quantité de viande à consommer rapidement. C'est parfait lorsqu'on organise de grands festins collectifs, mais cela n'arrive pas tous les jours. Une solution consiste à partager la viande entre plusieurs familles, en abattant à tour de rôle. Une autre est de conserver cette viande en la salant. La salaison est attestée à la fin du second âge du fer par les textes, et plus indirectement par les vestiges archéologiques : parties très spécifiques de squelettes dans les reliefs de repas, grands *dolia* dont les parois internes, "rongées" par le sel, montrent qu'ils ont servi de saloirs, et ateliers de production de sel, terrestre ou marin. De telles installations existaient avant même l'âge du bronze et la salaison est probablement une pratique très ancienne. Une autre technique traditionnelle – le séchage à la fumée de bois – reste à démontrer. Les Celtes mangeaient-ils déjà de la viande des Grisons ? C'est probable.

À partir de l'âge du bronze, les Celtes du littoral atlantique installent de véritables ateliers pour produire du sel : ils construisent de grands fours au-dessus desquels des boudins d'argile délimitent des cases dans lesquelles on place des récipients en terre cuite, remplis d'eau de mer. Avec l'évaporation, on obtient ainsi des pains de sel.

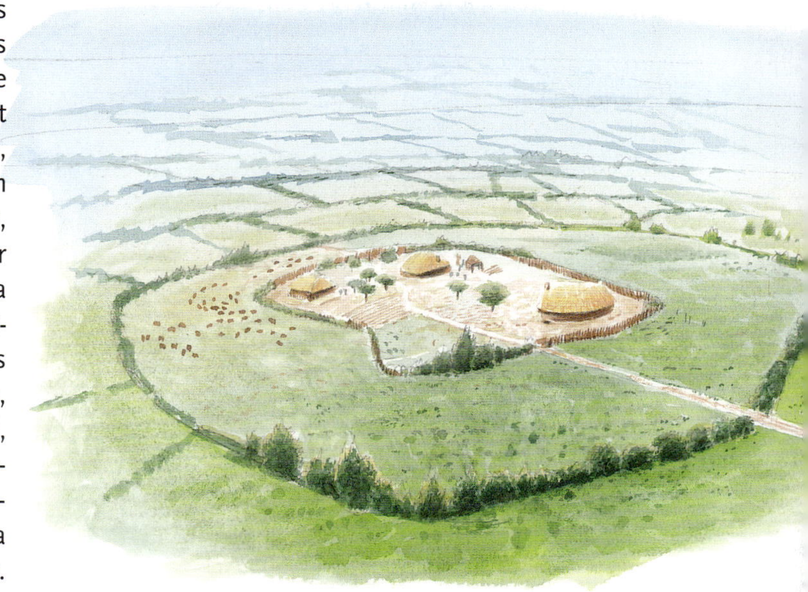

Dans le nord de la Gaule, les fermes sont entourées de nombreux enclos à bétail et de fossés qui séparent les parcelles. On vit dans la proximité des cultures et du troupeau, dont l'errance est contenue par des chemins, des fossés et des palissades.

À table !

Il est difficile d'imaginer un menu qui ne comporte ni pain, ni pommes de terre, ni ces fruits et légumes apparus avec la découverte de l'Amérique, puis avec la colonisation. Pourtant, même sans ces ingrédients, les Celtes ont une alimentation variée. Ils goûtent les plaisirs de la table dans des festins réservés aux guerriers.

Les ustensiles du cordon-bleu

L'équipement pour la cuisine est simple. Chaque maison a sa meule en pierre – à va-et-vient aux périodes anciennes, puis rotative à la fin de l'âge du fer – pour concasser et moudre le grain. On cuit la nourriture sur un foyer aménagé dans une fosse, ou installé sur une plaque d'argile fixe ou mobile, complété par des chenets en terre ou en fer. Il existe également des petits fours, en dôme ou bien ouverts à leur sommet comme on en voit encore dans le Maghreb, pour cuire pains ou galettes que l'on plaque aux parois brûlantes. La batterie de cuisine comporte des jattes de diverses tailles et de grands pots à cuire, en céramique et à fond plat, que l'on pose directement dans la braise. Le tout est complété par des baquets, des seaux et de la vaisselle en bois. Les plus aisés possèdent un chaudron en bronze que l'on suspend à un trépied, des grils en fer et des broches à rôtir. De lourdes jarres conservent à proximité grains, saumures et salaisons. À table, on utilise peu de couverts en fer, excepté des couteaux et de grands crochets à viande, sortes de fourchettes à dents recourbées, munies d'un long manche, qui servent à saisir les morceaux dans le bouillon. On puise directement ce dernier avec des jattes ou des instruments en bois disparus.

Reconstitution de la batterie de cuisine d'un intérieur gaulois.

PAS DE SANGLIER POUR OBÉLIX

Contrairement à un cliché répandu, le sanglier n'est guère consommé. La chasse à courre de cet animal redouté est un loisir réservé aux plus fortunés. Le caractère farouche et courageux de l'animal en fait le symbole par excellence du guerrier. Sa silhouette orne casques, carnyx et enseignes de bataille.

Purée de glands et laitages

Céréales, légumineuses et viandes sont la base de l'alimentation. On prépare des bouillies de céréales que l'on cuit dans l'eau ou le lait (comme le porridge anglais). Pendant l'âge du bronze et les débuts de l'âge du fer, on consomme force glands, dont on atténue l'amertume en les faisant griller et bouillir longuement. On les réduit ensuite en purée qui, séchée, donne une sorte de farine avec laquelle on fabrique des galettes. Le pain levé reste une denrée rare, qui dénote des habitudes méditerranéennes. Avec le lait de vache, de chèvre et de brebis, on fabrique des fromages dont certains sont si appréciés à Rome qu'ils y sont exportés. Laitages frais, œufs et miel complètent les repas.

vers – 225
Lors de la fameuse bataille de Télamon, les Romains remportent une brillante victoire sur les peuples celtes du nord de l'Italie : Boïens, Insubres et Gésates (mercenaires venus du nord). Cette défaite porte un coup fatal à la puissance celte en Italie.

vers – 221
En Espagne, Hannibal le Carthaginois est victorieux des Celtibères.

Porcs et chiens rôtis

Toutes sortes de viandes sont mangées, y compris du cheval et – comme en Chine ! – du chien, qui est un mets prisé lors des festins. Le porc, frais ou salé, tient la première place, excepté dans le Midi où l'on préfère le mouton. Les morceaux sont bouillis, comme dans nos pot-au-feu ; mais on grille et on rôtit aussi la viande directement sur la braise. En bord de mer, on grille aussi le poisson que l'on assaisonne de sel, de poivre et de cumin. La friture reste typiquement méditerranéenne. Les Celtes préfèrent le beurre et les graisses animales à l'huile d'olive, jugée amère.

Meule à grain rotative. Un emplacement spécifique lui était réservé dans chaque maison.

Protocole et bonnes manières

Les repas sont évidemment plus ou moins riches ou frugaux selon les jours, les saisons et les circonstances. La gastronomie est aussi affaire de région, de mode et de rang. Grâce au témoignage d'un Grec, Posidonios, on sait comment se déroulaient les festins de guerriers. « *On étend du foin, et l'on sert sur des tables basses en bois. [...] Quand les convives sont nombreux, ils s'asseyent en cercle, et la place du milieu est réservée au plus grand personnage, celui qui se distingue par son habileté à la guerre, sa naissance et ses richesses. Celui qui reçoit s'assied près de lui, puis tous les autres de chaque côté, selon le rang. Les servants d'armes qui portent le bouclier se tiennent debout, derrière, tandis que les porteurs de lance sont assis en cercle et mangent comme les maîtres. Les vases et les plats qui circulent sont en terre ou en bronze, parfois ce sont des corbeilles en vannerie.* »

vers – 218

Des mercenaires celtes sont enrôlés dans les armées d'Attale Ier de Pergame (Turquie actuelle).

vers – 218/– 201

Hannibal monte une expédition contre l'Italie, qu'il attaque par le nord en traversant l'Espagne et les Alpes avec ses fameux éléphants (seconde guerre punique). Des Celtes de la vallée du Rhône lui prêtent main-forte.

Martigues au temps des Grecs

Martigues est un village implanté au bord de l'étang de Berre, en Provence, au nord-ouest de Marseille. De 1978 à 2001, une campagne de fouille de sauvetage a mis au jour, sous les fondations de l'agglomération médiévale et moderne, les ruines de deux villages gaulois superposés, installés à fleur d'eau sur une île de la lagune.

Une Pompéï gauloise

Le premier village, fondé au ve siècle av. J.-C., a été abandonné brutalement par ses habitants qui ont dû fuir un violent incendie au début du IIe siècle av. J.-C., laissant derrière eux leurs maisons en l'état. Les vestiges, fossilisés sous les murs et toitures effondrés, ont été recouverts sous les remblais de nouvelles maisons. Puis le tout s'est trouvé immergé à la suite d'une lente remontée des eaux qui a permis de les conserver. Les archéologues ont donc découvert une petite Pompéi gauloise qui offre une photographie instantanée de la vie quotidienne dans un village indigène, contemporain de la Marseille grecque. Cette agglomération primitive occupe un espace d'à peine 4 000 m^2, ceint par un rempart et des tours rondes. Les maisons en terre, à pièce unique, s'organisent en rangées le long d'étroites ruelles qui les desservent.

vers – 212/– 205
Rome achève la conquête de l'Espagne et occupe finalement les positions carthaginoises de la péninsule Ibérique.

vers – 202
En Chine, installation de la dynastie des Han, qui dominera l'Empire durant quatre siècles. Triomphe du confucianisme, forme de sagesse préconisant le respect envers ses parents, le culte des ancêtres et l'application stricte des rites.

Sous influence phocéenne

Les habitants de Martigues vivent de l'élevage, de l'agriculture et de la pêche. Ils empruntent cependant dès le Ve siècle av. J.-C. aux Grecs de Marseille, les Phocéens, deux cultures : la vigne et l'olivier. Et ce n'est sans doute pas un hasard si, dès le IIIe siècle av. J.-C., ils adoptent aussi l'écriture. Au IVe siècle av. J.-C., trop à l'étroit, les habitants étendent le village en construisant des îlots à l'extérieur du rempart. Après la destruction complète de la première agglomération, un nouveau village encore plus vaste s'installe sur les ruines du précédent, avec la création d'une ville neuve sur la lagune, partiellement remblayée. Les maisons, toujours à pièce unique, sont desservies par des voies piétonnes étroites, dotées de caniveaux et de trottoirs.

vers – 200/– 191
Les Cénomans, Insubres et Boïens, peuples celtes de Cispadane (au sud du Pô), sont soumis définitivement par Rome. Cornelius Scipion prend aux Boïens 1 471 torques en or.

vers – 186
Des mercenaires celtes sont signalés en Égypte.

Les vertus de la musique

Dans un monde où les instruments sont des flûtes, des cornes et des sifflets, en os, en bois ou en terre cuite, l'apparition du métal, qu'on frappe ou dans lequel on souffle, est une révolution acoustique. Elle permet aux Celtes de jouer sur un vaste registre de " musiques " qui accompagnent les temps forts de la vie sociale. On connaît quelques instruments, reste à rêver rythmes, mélodies et paroles.

Les bruits qui courent

Au début de l'âge du fer, des femmes de haut rang portent des ceintures en bronze agrémentées de grelots, ou accrochent à leurs vêtements des pendeloques métalliques destinées à s'entrechoquer. Chevaux et chars sont également parés de pièces métalliques – sonnailles, tintinnabulum* et phalères* – qui cliquettent au pas des animaux. Est-ce une manière de s'annoncer ? Pas seulement. Car son et musique présentent souvent un caractère sacré. Ainsi connaît-on des sociétés où le tintement du bronze est une protection, d'autres où des chamans* accrochent des grelots à leurs vêtements pour invoquer les esprits ; les sonnailles traduisent en sons les mouvements du danseur. Le sens de ces parures est donc multiple. Avec elles, le pouvoir se met en scène en se faisant entendre autant que voir.

Fibule avec chaînettes et pendeloques trouvée dans la nécropole de Hallstatt (VIIIe-VIIe siècle av. J.-C.).

Deux musiciens, assis face à face sur une grande banquette, jouent de la flûte de Pan et de la lyre (VIe-Ve siècle av. J.-C.).

Musique de chambre

Les Celtes semblent avoir adopté la lyre sous l'influence de la Grèce. Les plus anciennes représentations sont gravées sur des céramiques du VIIe siècle av. J.-C. d'Europe orientale. Au siècle suivant, le décor de seaux de bronze fabriqués en Italie du Nord décrit des banquets aristocratiques (*photographie ci-contre*). Parmi d'autres distractions, comme des joutes sportives, on y voit des musiciens qui jouent de la flûte de Pan et de la lyre. Leur large chapeau désigne des aristocrates. Chantent-ils ou déclament-ils en même temps, comme Homère ou, plus tard, les bardes (*voir p. 41*) ?

vers – 179
Dernières incursions celtiques en Italie.

vers – 174/– 136
Mithridate Ier (descendant d'envahisseurs apparentés aux Scythes ayant annexé en –247 une région de l'empire séleucide, la Parthie, entre la Caspienne et la mer d'Aral) prend le titre de Grand Roi et occupe la Perse.

Lur de l'âge du bronze final.

Furies guerrières

Des instruments à vent en bronze – trompes et lurs* – accompagnent le fracas des armes. Le plus célèbre d'entre eux, le carnyx, symbolise le guerrier au même titre que le casque, la lance, l'épée ou le bouclier. Très coûteux à réaliser, c'est une impressionnante trompe tenue verticalement, avec un pavillon en forme de hure de sanglier, dont la gueule grande ouverte se dresse au-dessus du sonneur. Les joueurs de carnyx transmettent les ordres de bataille et galvanisent les soldats par un vacarme assourdissant qui terrorise l'adversaire. Ils y parviennent si bien que l'instrument – dont la forme singulière est connue de l'Écosse à la Roumanie – est représenté par les Grecs dès le IIIe siècle av. J.-C. et symbolise le Gaulois dans l'iconographie romaine après la conquête.

Joueurs de carnyx représentés sur le chaudron en argent de Gundestrup, découvert au Danemark (Ier siècle av. J.-C.).

D'ÉTONNANTS SILENCES

Les archéologues n'ont jamais découvert de tambour, de djembé, ni d'arc musical. La peau était pourtant très utilisée et l'arc bien connu, notamment pour tourner de menus objets. Peut-être faut-il invoquer une raison simple : les matériaux organiques comme le bois, la peau, les tendons ou les fibres se conservent mal. On n'en connaît cependant aucune représentation… Par ailleurs, inutile de chercher à cette époque une harpe " celtique " : elle n'apparaîtra qu'au Moyen Âge !*

La magie du chant

Au second âge du fer apparaît un personnage que chacun connaît par la caricature d'Assurancetourix : le barde. C'est un musicien-poète chargé d'une mission sacrée : chanter les épopées des dieux et des héros, qui ne sont pas écrites et qu'il a apprises par cœur au cours de longues études. Il chante aussi, en s'accompagnant de la lyre, la louange des puissants, dont il égrène les généalogies mythiques et chante les hauts faits lors de festins, de cérémonies, mais aussi sur le champ de bataille. Il est craint, car si sa louange se tranforme en blâme satirique, il peut ternir la réputation des grands et ruiner leur pouvoir par la magie des mots. Le service des meilleurs bardes est ainsi très recherché et généreusement récompensé.

Statuette portant un torque et jouant de la lyre à sept cordes, découverte à Paule (Côtes-d'Armor).

vers – 181
Les Celtibères se soulèvent contre l'occupant romain. De nouvelles révoltes éclatent en – 154 et – 144.

vers – 170
L'historien grec Polybe visite et décrit les Gaulois cisalpins.

Les sentiers de la gloire

Statuette de guerrier en bronze du Ier siècle av. J.-C., découverte à Saint-Maur-en-Chaussée, dans l'Oise.

Tous leurs adversaires le reconnaissent : les Celtes sont de redoutables guerriers, tant par leur hardiesse que par la qualité de leur équipement. Mais leur tactique surprend. Face aux lourdes cohortes des armées grecques et romaines, ils jouent la mobilité. D'où l'apparence d'un certain désordre.

Devenir combattant

Le maniement des armes demande un véritable apprentissage, et c'est une affaire d'hommes... Le jeune garçon devient un guerrier lorsqu'il acquiert son équipement, vers l'âge de 14 ans. C'est un rite de passage à l'âge adulte, qui lui permet désormais de se présenter en public aux côtés de son père. Il sera d'abord porteur de lance ou de bouclier pour un guerrier plus aguerri, avant d'avoir lui-même ses servants d'armes. Des tombes d'enfants, équipés d'armes miniatures inoffensives, suggèrent que – dans certains cas du moins – on ne devient pas guerrier par ses prouesses : on y est destiné par naissance.

Fantassin celte au repos, équipé de son bouclier en bois recouvert de cuir, de sa lance et de son épée.

Le mythe des guerriers nus

Les récits et les statues des Grecs et des Romains nous présentent souvent les guerriers celtes combattant nus, tandis que les représentations indigènes et l'archéologie – dans les tombes par exemple – les montrent vêtus et bien équipés. La lecture attentive des textes révèle que ce sont seulement les soldats des premières lignes qui sont dénudés : parés de bijoux, ils se livrent à une sorte de danse rituelle où ils provoquent l'adversaire pour engager le combat. En réalité, la plupart des combattants sont habillés et ont le corps protégé par des tuniques ou des justaucorps, des cuirasses ou des cottes de mailles (il n'y a plus d'armures à l'âge du fer), des bonnets ou des casques en cuir et en métal. Ils sont armés de poignards ou d'épées, de lances, de javelots, parfois aussi d'arcs et de frondes, et de boucliers en bois, tendus de cuir et peints de motifs protecteurs. L'équipement varie selon la période, et selon que l'on est fantassin – le plus grand nombre –, cavalier ou combattant sur un char. C'est une affaire de statut et de moyens : n'importe qui ne peut entretenir des chevaux de combat et leur équipage (servants d'armes, palefreniers et conducteurs de char).

vers – 166
Soulèvement des Galates contre Pergame.

vers – 154
À l'appel de Marseille, première expédition et victoire romaine contre le peuple provençal des Salyens, dont la capitale était sans doute Entremont, au nord d'Aix-en-Provence.

À l'attaque !

Toute expédition importante commence par une assemblée des guerriers, où l'on désigne le chef par acclamation. D'après Jules César, tous les adultes s'y rendent équipés ; celui qui arrive en retard est mis à mort, à la vue de tous... Et l'on n'engage jamais le combat sans avoir consulté les augures sur son issue. Face aux lourdes armées méditerranéennes, les Celtes recourent à la tactique de la mobilité : il faut être partout, d'où l'importance de la cavalerie et la réputation de désordre transmise par les Anciens (*voir DVD, ch. 05*). Le déroulement est immuable. Les premiers rangs de fantassins commencent par crier des injures et des provocations. Des bataillons légers, souvent regroupés par origine géographique, fondent sur l'ennemi, vont au corps à corps, puis reculent. On lance la cavalerie, on fait intervenir les chars, on cherche le combat singulier, on harcèle de tous côtés, on fait mine de se retirer pour mieux se ressaisir ou passer le relais à des troupes fraîches. Le combat est une mêlée où le fracas des armes est couvert par la clameur des cris et des chants de guerre, des fanfares de carnyx et des vociférations des bardes, tandis que les lignes arrière frappent en rythme sur leurs boucliers. Sans oublier les aboiements féroces des chiens de combat. On comprend l'effroi que ces guerriers déclenchent chez l'adversaire, désemparé par un tel spectacle.

Jules César raconte ainsi un combat avec les Bretons : « Les chars commencent l'assaut en allant de tous côtés lancer des javelots pour désorganiser les rangs adverses, effrayés par les chevaux et le fracas des roues. Puis, après les avoir pénétrés, les guerriers sautent à bas de leur char et combattent à pied, tandis que les conducteurs sortent comme ils peuvent le char hors de la mêlée, pour permettre au combattant un éventuel repli. Hommes et chevaux sont tellement bien entraînés que quand ces derniers sont lancés au galop sur une pente raide, ils parviennent encore à leur faire faire demi-tour. Ils ont aussi l'habitude de courir sur le timon en se tenant ferme sur le joug, et de sauter dans le char en un clin d'œil ».

vers – 150
Première traduction de la Bible en grec : c'est la version dite " des Septante ", dont la tradition rapporte qu'elle a été rédigée à Alexandrie par 72 rabbins en 72 jours.

vers – 150/– 100
L'historien grec Polybe passe en Gaule et Posidonios y voyage. Ses écrits, dans lesquels de nombreux auteurs postérieurs puiseront leurs informations, sont malheureusement perdus. On ne les connaît que par des citations lacunaires et dispersées.

Les fruits de la guerre

La guerre est aussi une affaire d'économie. En plus de la gloire, elle rapporte aux guerriers, selon les cas, du bétail, de l'or, des esclaves et des femmes, des terres et des rêves..

Honneurs aux vaincus

Pour les Celtes, la grandeur du guerrier se mesure au nombre d'adversaires tués et à leur réputation. La victoire assurée, un long rituel – qui peut durer plusieurs jours – succède aux combats. On récupère les armes sur les dépouilles des vaincus pour les consacrer aux dieux, sous forme de trophées qu'on expose dans les sanctuaires (*voir p. 50*). Les cadavres sont décapités. Leurs têtes – preuve de bravoure – sont gardées par les guerriers qui les attachent au cou de leur cheval, les momifient avec du camphre, puis les exposent sur les portiques des monuments ou aux façades de leurs maisons. Ils peuvent aussi les conserver pieusement dans un coffre comme reliques. Parfois, comme à Ribemont-sur-Ancre, en Picardie, on érige sur place un sanctuaire qui commémore une bataille décisive et devient le lieu d'un culte civique. Les corps décapités sont alors rassemblés, suspendus, démembrés, et les os empilés méticuleusement pour former les parois de petits ossuaires.

Guerriers et mercenaires se déplacent avec femmes et enfants, ainsi qu'avec leurs troupeaux. Un grand nombre de chariots transportent toutes leurs richesses et servent probablement de logis lors de leurs mouvements.

Anneau passe-guide en bronze, en forme de tête coupée (fin du IIIe siècle av. J.-C.).

Rapines et vendettas

Un prétexte futile à nos yeux – querelle d'honneur entre familles, vengeance d'un meurtre ou d'un adultère, etc. – suffit à déclencher un raid au cours duquel on s'empare du bétail, des réserves et des femmes. Cette forme de guerre laisse peu de traces mais elle est sans doute fréquente : une activité saisonnière qui, comme au Moyen Âge, mobilise de petits groupes armés pendant quelques jours après les moissons. La guerre, c'est aussi chasser son voisin de ses terres pour s'en emparer ou l'asservir : le butin devient alors un tribut que le vaincu verse à date fixe. Dans ce cas, un mariage bien arrangé est souvent plus économique que la force : il rassemble les deux communautés en une seule, mais avec des devoirs différents pour ses membres. La mémoire collective transforme l'événement en récit généalogique et en mythe fondateur qui légitime cette organisation.

vers – 149/– 146
Rome détruit Carthage, mettant ainsi fin à la troisième guerre punique.

vers – 146
La Grèce devient romaine avec la prise et le saccage de la ville de Corinthe par les Romains.

De véritables expéditions

La guerre, enfin, prend le visage de conquêtes plus lointaines, véritables expéditions qui réclament des centaines de milliers de combattants, impossibles à rassembler sans alliances entre peuples. Pour sceller ces ententes et les garantir, on échange des otages et on se verse des cautions. Très organisées, ces entreprises s'étalent sur de longs mois ou sur des années. Le butin faramineux qu'elles procurent aux vainqueurs est partagé : l'or et les matières précieuses sont les plus prisés ; les produits volumineux, difficiles à rapatrier – prisonniers, bétail, etc. –, sont revendus sur place. Quand ces expéditions collectives sont un succès, elles peuvent déboucher sur une colonisation : les vainqueurs fondent un nouveau foyer de peuplement qui reprend souvent le nom des tribus d'origine.

L'OR DES MERCENAIRES

Il y a fort à parier que l'or des Celtes, à la fin de l'âge du fer, provient pour une part non négligeable du mercenariat. Les guerriers celtes sont alors partout autour de la Méditerranée, et partout se font payer : rançon imposée par Brennus à Rome, vers 390 av. J.-C. : 2 000 livres ; solde réclamée par les 10 000 cavaliers et les 10 000 fantassins gaulois engagés en 168 av. J.-C. par le roi Persée de Macédoine contre les Romains : 150 000 pièces d'or, plus 10 000 pour le chef...

Mercenaires et aventuriers

Enfin, certains guerriers deviennent des professionnels et offrent, sans doute dès le Ve siècle av. J.-C., leurs services aux puissances qui ne disposent pas d'une armée à la hauteur de leurs ambitions. C'est le cas de Syracuse et d'autres cités de la Grande Grèce, ou encore de Carthage. La réputation des cavaliers celtes fait d'eux des alliés très convoités car la cavalerie joue un rôle de plus en plus important dans les combats. Pour rétribution de leurs services, les mercenaires touchent une solde en poids d'or, et demandent à partager les avantages du vainqueur.

Guerrier de Vachères (fin du Ier siècle av. J.-C.), du nom d'un village de Haute-Provence où il a été découvert. Ce mercenaire gaulois porte un torque et une cotte de mailles, mais il est drapé dans un manteau à la romaine et a rasé sa moustache.

vers – 133
Chute de la ville de Numance (au nord de l'Espagne), assiégée par l'armée romaine. C'était la capitale des Arevaques, des Celtibères qui refusaient la soumission, signée en –142.

vers – 130
Création de la province romaine d'Asie (ouest de l'Asie Mineure, actuelle Turquie).

À la conquête de l'Europe

Le bruit et la fureur marquent l'irruption des Gaulois sur la scène de l'Histoire. C'est du moins l'image que les Grecs et les Romains nous en laissent, terrorisés par les incursions répétées de ces barbares venus du nord pour les piller. L'image de violence extrême qu'ils transmettent est un cliché exagéré. Mais grâce à eux, ces peuples sortent enfin de l'anonymat car ils les désignent par leurs noms.

Migrations en Italie

Au IVe siècle, des peuples en quête de nouvelles terres et de richesses franchissent les Alpes en plusieurs vagues et s'installent durablement dans le nord de l'Italie, dominé par les Étrusques, mais où vivent aussi des Celtes autochtones, comme les Insubres des environs de Milan. Au nord du Pô arrivent les Cénomans et les Anares ; au sud, les Boïens colonisent la plaine autour de Bologne, tandis que Lingons puis les Sénons se partagent la côte adriatique, jusqu'à Ancône, un important comptoir grec (*voir DVD, ch. 07*). Ce sont ces fameux Sénons, dirigés par Brennus, qui, en 386, fondent sur Rome ; ils occupent la ville et la pillent pendant sept mois, la soumettant à un tribut* dans une réplique restée fameuse : *Vae victis* (« Malheur aux vaincus »). Les troupes se dispersent ensuite : des groupes isolés poursuivent l'aventure dans le sud de l'Italie, tandis que la plupart retournent défendre leur territoire attaqué par les Vénètes, près de Venise. La Cisalpine devient gauloise. Mais les Romains, conscients de la grave menace que représentent ces voisins encombrants, réagissent et organisent une armée redoutable. Ils soumettent ou rallient peu à peu ces peuples. En 190 av. J.-C. la conquête s'achève et le nord de l'Italie devient une province romaine, la Cisalpine. Sa romanisation est si rapide qu'on l'appelle bientôt la " Gaule en toge " par opposition à la Gaule d'au-delà des Alpes – la Transalpine –, dite la " Gaule en braies ".

Incursions en Grèce

À la même époque, des armées de mercenaires celtes, originaires d'Europe centrale, sont enrôlées en Méditerranée orientale dans les conflits qui opposent les successeurs d'Alexandre. Ces mercenaires n'hésitent pas à y mener des actions pour leur propre compte, en recrutant des compatriotes des régions voisines. Ils forment trois armées et montent la grande expédition des Balkans : l'invasion de la Thrace, de la Macédoine et de la Grèce. L'épisode le plus fameux, qui traumatisa durablement le monde civilisé, est, en 279 av. J.-C., le saccage du sanctuaire de Delphes, sous le commandement d'un Brennus, homonyme du précédent. Cependant l'expédition tourne au désastre. Pour une raison mystérieuse, les Celtes sont pris de panique et c'est la débâcle. Les Grecs attribuent ce renversement à l'intervention d'Apollon...

Après avoir chassé les Gaulois de la péninsule, les Romains élèvent des monuments commémorant leur victoire, tel le temple de Civitalba. Une frise y représente le pillage d'un temple interrompu par l'intervention des dieux.

vers – 124
Seconde campagne romaine victorieuse contre les Salyens de Provence et création de la Provincia (future province de Gaule Narbonnaise). La colonie de Narbonne est fondée peu après.

vers – 121
La coalition des Arvernes et des Allobroges, conduite par le roi arverne Bituit, subit dans la vallée du Rhône une défaite décisive face aux armées romaines.

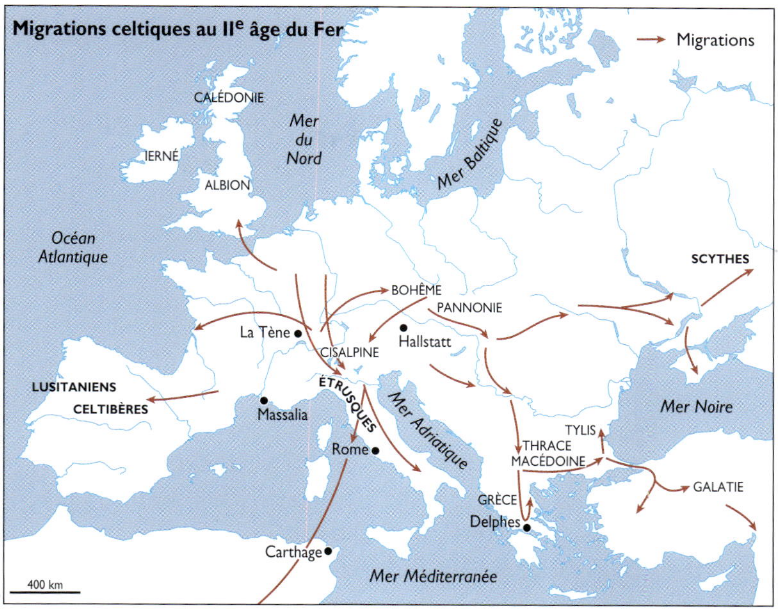

Installation en Turquie

Une partie de ces troupes fonde le royaume de Tylis, à côté de Byzance. D'autres survivants – près de 20 000 hommes – traversent le Bosphore, en 278 av. J.-C., et s'aventurent en Asie Mineure, l'actuelle Turquie. Ils se mettent au service de Nicomède Ier de Bithynie qui les installe à la frontière de son royaume et de celui d'Antiochos de Syrie. Ces Celtes sont si turbulents que le Syrien est contraint de les chasser. Ils se réfugient alors sur les hauts plateaux d'Anatolie et fondent la puissante et durable fédération des Galates, qui devient un royaume, puis une province romaine en 25 av. J.-C. Ils se mélangent peu au reste de la population et vivent en dehors des villes. Saint Jérôme écrit que leurs descendants, à la fin du IVe siècle ap. J.-C., parlent encore une langue celtique, proche de celle des Trévires (peuple gaulois de la région de Trèves, à la frontière de la Belgique et de l'Allemagne).

Essaimage en Afrique

Le mercenariat conduit les guerriers celtes et leurs familles jusque sur les côtes de l'Afrique : en Égypte, par exemple, où 4 000 d'entre eux servent, en 277-276 av. J.-C., sous les ordres de Ptolémée Philadelphe qui, par peur d'un soulèvement, les fera exterminer ! Ou encore à Carthage (l'actuelle Tunis) : là, en 240 av. J.-C., n'ayant pas reçu leur solde, ils soulèvent les villes africaines contre le joug punique avant d'être écrasés par Hamilcar.

6 *Guerrier galate foulé aux pieds par un éléphant de guerre. Statue du IIe siècle av. J.-C., provenant de Myrina (Turquie).*

LA MIGRATION DES HELVÈTES

« La migration est décidée trois ans à l'avance par une loi. Ils la préparent en achetant le plus possible de bêtes de somme et de chariots. Ils ensemencent tous les champs pour disposer d'une large réserve de blé, destinée à leur consommation propre au cours du voyage, mais aussi comme cadeaux diplomatiques pour les peuples dont ils doivent traverser les territoires. Quand ils sont prêts à partir, ils enjoignent à chacun d'emporter de la farine pour trois mois et mettent le feu aux villes, aux villages, aux fermes et au blé qu'ils ne peuvent transporter, afin d'affronter les périls avec plus de courage, en s'interdisant tout retour. 368 000 personnes partent ainsi, dont 92 000 guerriers » (d'après Jules César).

vers – 120/ –100
Les Cimbres et les Teutons, peuples celtes de Germanie, pillent les territoires qu'ils traversent en fonçant vers l'Italie. Les Cimbres y sont défaits par les Romains en – 101 lors de la bataille de Verceil.

vers – 100
Au Mexique, un petit village aztèque, nommé Teotihuacán, se développe rapidement : il deviendra " la cité des Dieux ", la plus grande cité des Amériques entre le IIIe siècle et le VIIe siècle.

La ruée vers l'or

Tandis que leurs voisins méditerranéens préfèrent l'argent, les barbares de l'Europe continentale vouent un véritable culte à l'or, ce métal éternel qui brille comme le soleil. Mais comment se le procurent-ils ? Qu'en font-ils ? Et pourquoi leur en faut-il toujours plus ?

Des toisons et des mines

Pour recueillir l'or, la plus ancienne technique est celle du héros grec Jason, " l'homme à la toison d'or " : on trempe dans la rivière des peaux de mouton dont la laine piège les paillettes en suspension ; il suffit ensuite de brûler la laine pour récupérer dans les cendres le précieux métal. Une autre méthode consiste à recueillir la terre imprégnée de ces pépites et à la laver dans une batée en bois : lourdes, les pépites se concentrent au fond (c'est la technique des chercheurs d'or dans les westerns). On peut enfin extraire le métal directement en carrière ou en mine. D'après les textes, ces trois techniques étaient pratiquées, mais seule la dernière a laissé des traces archéologiques, en Limousin et dans les Pyrénées notamment. Au Ve siècle av. J.-C., il s'agit de simples fosses à ciel ouvert, puis on réalise de véritables mines à galeries, étayées par des boisages. Le minerai extrait est un mélange qui est concassé, broyé dans des meules, puis lavé à l'eau pour trier l'or, que l'on coule sur place dans de petites lingotières. Des techniques aussi lourdes laissent penser qu'à la fin de l'âge du fer les rivières, ainsi que les butins ramenés par les mercenaires, ne suffisaient plus à satisfaire des besoins croissants.

Un orpailleur celte. « En Gaule, rapporte l'historien Diodore de Sicile, les eaux des fleuves charrient des fragments de roche remplies de sable d'or. »*

vers – 94
Édification du grand édifice circulaire en bois de Navan Fort, site royal d'Emain Macha, en Irlande (datation d'après les analyses dendrochronologiques).

vers – 76/ –74
Révolte des Volques de la région de Toulouse contre les exactions de l'occupant romain.

Casque d'apparat en fer, bronze, or, argent et corail du IVe siècle av. J.-C., découvert dans une grotte, sur la commune d'Agris (Charente).

Détails du casque d'Agris, montrant l'incroyable travail d'ornementation auquel s'est livré l'orfèvre (voir DVD, ch. 10).

Des œuvres divines

L'or sert à faire des parures, surtout les fameux torques, et plus tardivement à frapper les premières monnaies métalliques. Il sert également à décorer des pièces exceptionnelles, en particulier d'extraordinaires casques d'apparat. Les orfèvres maîtrisent toutes les techniques, de la cire perdue (*voir p. 10*) au travail à la feuille, de la ciselure au martelage, de l'emboutissement à la soudure, pour la plus grande gloire des guerriers... et des dieux. Ces œuvres d'art sont en effet souvent découvertes dans des dépôts, volontairement ensevelis. Cachés aux yeux de tous, parfois juste après leur fabrication, et fréquemment trop grands ou trop lourds, ou trop fragiles pour être portés, ces objets sont des offrandes pour honorer les dieux. Mais au nom de qui sont-elles faites ? Et pour obtenir quoi ? Si ces actes de dévotion se multiplient à la fin de l'âge du fer, c'est peut-être que l'on a de plus en plus besoin des intercessions divines, et donc que quelque chose ne tourne plus tout à fait rond dans le monde celte...

MALHEUR À QUI LES TOUCHE !

Tolosa (Toulouse), capitale des Volques Tectosages, était connue des Anciens pour la fabuleuse richesse en or et en argent de ses dépôts dans des enclos et des étangs sacrés. Des lingots gros comme des meules, disait-on, et auxquels personne n'osait toucher tant primait le sentiment religieux ! En 106 av. J.-C., sur les ordres du Sénat, le consul Servilius Caepio s'empare de la ville et pille les sanctuaires. D'énormes quantités de métal précieux sont chargées sur des mulets et des chariots à destination de Rome. Mais le convoi est attaqué aux environs de Marseille, l'escorte massacrée et le trésor volé. Rome ne croit pas à cette histoire et accuse Caepio d'avoir monté un traquenard pour s'approprier l'or. Ses biens sont confisqués et il est condamné à mort.

vers – 70
Les Germains, commandés par Arioviste, font pression sur l'est de la Gaule où ils soumettent les Lingons.

vers – 62/ –61
Révolte des Allobroges, proches voisins de la Provincia. Rome s'inquiète.

Honorer les dieux

Pour se concilier les faveurs des dieux, les Celtes leur dédient offrandes et sacrifices. D'où les fabuleux trésors, enfouis dans la terre ou déposés dans les eaux des rivières, des marais et des lacs, que découvrent parfois les archéologues. Mais les Gaulois possèdent aussi de véritables lieux de culte, longtemps mis en doute, mais aujourd'hui magistralement révélés par l'archéologie.

Des offrandes confiées à la terre et aux eaux

Pendant longtemps, les seules traces de pratiques religieuses sont des dépôts d'objets métalliques enfouis dans la terre, sous les eaux ou cachés au plus profond des grottes. Ces offrandes se répètent en des lieux précis, qui leur sont donc réservés. Elles se font probablement à l'occasion de grands rassemblements.

Sanctuaires guerriers

On sait désormais que les Celtes, au second âge du fer, à l'instar des Grecs et des Romains, pratiquent aussi leur religion dans des temples. Dans le nord de la France, des sanctuaires réservés à des cultes guerriers ont été mis au jour. Leur aménagement est simple : au centre d'une aire rectangulaire, délimitée par un fossé et une palissade, une petite construction abrite une fosse où l'on immole des animaux domestiques qu'on laisse se putréfier jusqu'au sacrifice suivant. Des trophées – panoplies d'armes prises aux ennemis, ainsi que leurs dépouilles – sont accrochés aux palissades, aux montants de la porte ainsi que sur des mâts. Avec le temps, la fosse disparaît au bénéfice d'un bâtiment en dur, et le caractère guerrier du temple s'estompe avec des pratiques ouvertes au plus grand nombre ; on dépose de plus en plus souvent en offrande des monnaies ou des poteries.

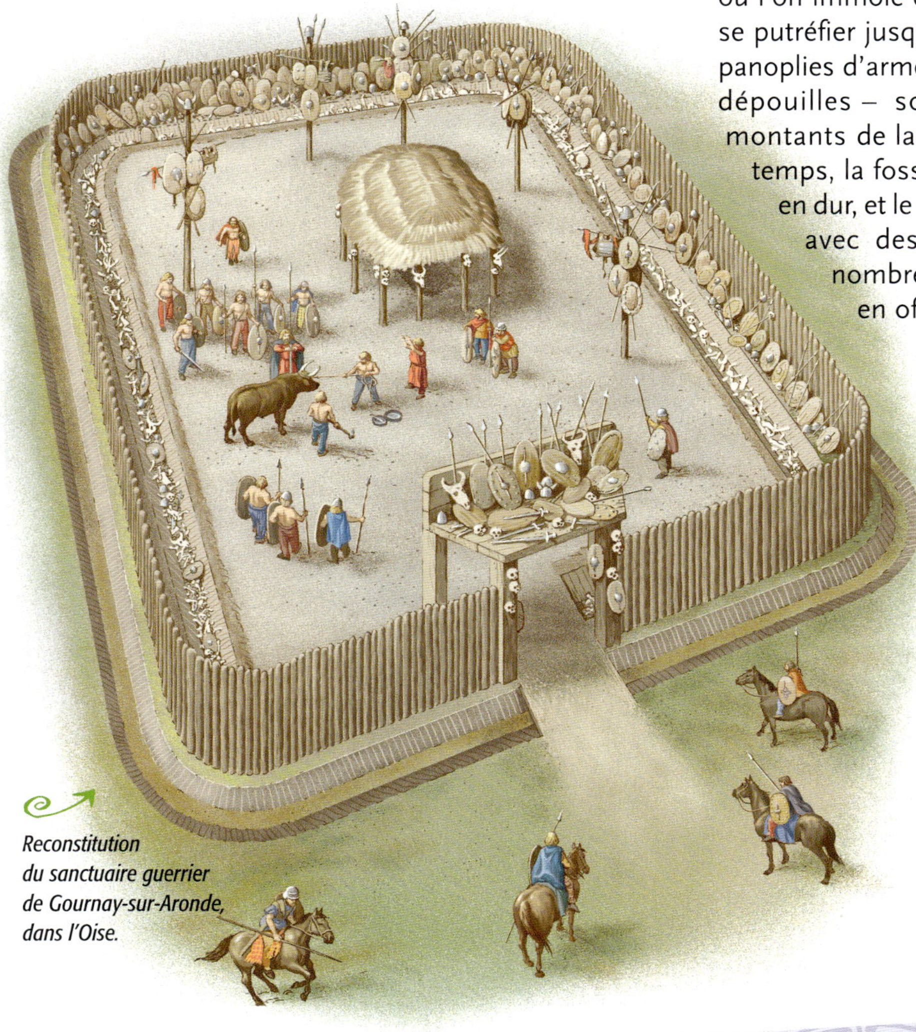

Reconstitution du sanctuaire guerrier de Gournay-sur-Aronde, dans l'Oise.

MONIALES EN FURIE

« Il existe face à la Loire une île de l'Océan interdite aux hommes. Y vivent des femmes possédées de Dionysos qu'elles apaisent par des rites sacrés. Une fois par an, elles doivent démonter et remonter le toit du sanctuaire en un jour, avant le coucher du soleil. Celle qui perd sa charge est mise en pièces par les autres, qui en promènent les morceaux autour du temple en vociférant frénétiquement jusqu'à épuisement. Ce qui arrive régulièrement » (d'après Strabon, géographe grec du Ier siècle av. J.-C.).

– 58
Début de la guerre des Gaules : César et ses légions interviennent à l'appel des Éduens, envahis par les Helvètes.

– 55/ – 54
César traverse la Manche avec une flotte et débarque dans le sud de l'île de Bretagne (la Grande-Bretagne actuelle). Mais il ne parvient pas à la soumettre.

Reconstitution du sanctuaire de Corent, dans le Puy-de-Dôme.

Des festins sacrés

Le sanctuaire arverne de Corent, en Auvergne, est d'un tout autre genre. Vers 150 av. J.-C., l'enclos principal forme un grand carré d'une cinquantaine de mètres de côté, entouré d'une galerie couverte, supportée par des poteaux. Ce lieu semble avoir été dédié à l'organisation de festins sacrés, accompagnés de libations et de sacrifices, comme en témoignent les autels et les cuves, entourées d'amphores sabrées, dans lesquelles on versait le vin. Cette découverte révèle qu'au second âge du fer, le banquet devient un festin ouvert à une multitude dans un cadre religieux, suivant un cérémonial précis.

Justice divine

D'après Jules César et l'historien grec Diodore de Sicile, les Celtes se livrent également à des sacrifices humains. Dans les civilisations anciennes, ce genre de pratique est courante. À la guerre, pour remercier les dieux, le vainqueur massacre parfois ses prisonniers plutôt que de les vendre. On sacrifie également certains condamnés à date fixe : leur exécution est censée rétablir l'ordre sacré du monde et apaiser les divinités en colère. C'est sans doute le cas des crucifiés du sanctuaire de Fesques, en Normandie. Enfin, lorsque les devins doivent se prononcer sur des questions particulièrement importantes, ils procèdent à des sacrifices divinatoires : ils décèlent la volonté des dieux dans la manière dont la victime tombe et dont ses membres s'agitent.

– 52
Le jeune chef arverne Vercingétorix, d'abord victorieux à Gergovie, est assiégé avec son armée dans l'oppidum d'Alésia : il capitule et se rend à César.

– 50
Fin de la guerre des Gaules. La Gaule chevelue devient province romaine. Ses habitants vont rapidement adopter les coutumes et le mode de vie des Romains.

Faiseurs de sacre

« Chez tous les peuples gaulois, il y a trois catégories d'hommes qui sont exceptionnellement honorés : les bardes, les *vates* et les druides » : Diodore de Sicile définit ainsi une hiérarchie où les druides ne sont pas les seuls intermédiaires entre les hommes et les dieux.

Médaillon central de l'intérieur du chaudron rituel de Gundestrup (Danemark, II-Ier siècle av. J.-C.). La composition étonnante du taureau couché (dont les cornes étaient amovibles), de la femme, du chien et de l'ours, a été interprétée récemment comme la représentation de signes du zodiaque.

Bardes et " vates "

Les bardes ne sont pas d'assommants hippies grattant leur lyre au clair de lune comme le laisserait penser Assurancetourix ! Ce sont des chantres* sacrés qui consacrent leur mémoire et leur voix à la louange ou à la satire des grands (*voir p. 41*). Les *vates*, quant à eux, sont des devins qui prophétisent l'avenir d'après l'observation des oiseaux ou des viscères des animaux qu'ils sacrifient, quand ce ne sont pas des humains. Férus des choses de la nature et magiciens, ils sont par certaines de leurs fonctions en concurrence avec les druides, ce qui laisse penser que leur existence est plus ancienne. Ils gardent la haute main sur les sacrifices et sont des sortes de bouchers sacrés. Un peu sorciers, c'est à eux que l'on s'adresse pour les petits commerces de la superstition populaire.

Les druides

À la fin de l'âge du fer, les druides forment le plus haut degré de cette hiérarchie sacerdotale : il n'y a pas d'actes ni de cérémonies publiques où ils ne soient présents. Leur immense savoir sur les choses des mondes terrestre et divin, acquis au cours de longues années d'études – vingt ans dit-on ! –, en fait des savants et des philosophes. Astronomes, ils sont les maîtres du temps et fixent les fêtes et le calendrier – avec ses jours et ses mois fastes ou néfastes –, selon la position de la lune, du soleil et des astres. Ils connaissent les vertus des plantes, celles qui soignent comme celles qui enivrent ou qui tuent. Géomètres et mathématiciens (*voir DVD, ch. 11*), ils pratiquent aussi la divination par les nombres.

Ces curieux dés allongés du IIIe siècle av. J.-C. (Aulnat, Puy-de-Dôme), en os et céramique, étaient sans doute utilisés pour la divination par les nombres.

– 46
À Rome, un nouveau calendrier – appelé julien, du nom de son commanditaire qui n'est autre que Jules César ! – introduit les années bissextiles pour recaler mois et saisons avec le temps astronomique. C'est encore lui que nous utilisons aujourd'hui.

– 22
Aux ides de Mars, César, devenu consul et dictateur à vie, est assassiné dans le Capitole par son fils adoptif, Brutus.

Une confrérie de prêtres-juristes

Mais le domaine de prédilection des druides est... le droit et la justice. Eux seuls conservent la mémoire de l'histoire des peuples (leur origine, les traités passés, etc.), sous forme d'annales qui furent peut-être écrites, mais tenues secrètes. Ils sont donc aussi diplomates. Ils forment une vaste confrérie éparpillée à travers les Gaules. Sorte de haute cour de justice, cette assemblée se réunit une fois par an chez les Carnutes pour élire son chef spirituel, traiter des affaires religieuses et prononcer les jugements dans les procès qui lui sont soumis. La position des druides est très convoitée car elle confère divers avantages : ils ne paient pas d'impôts et sont dispensés des devoirs militaires. Les jeunes recrues sont choisies parmi les membres de l'aristocratie, et formées souvent dès l'enfance. Mais on peut aussi commencer ses études sur le tard, en suivant une sorte de formation pour adultes. L'énorme pouvoir politique que les druides tiennent de leurs multiples fonctions fera d'eux une cible privilégiée quand Rome étendra son empire.

CELUI QUI GUÉRIT TOUT

L'historien grec Diodore de Sicile raconte que la cueillette du gui est effectuée une fois l'an, à la sixième lune, sur un chêne rouvre, par un druide muni d'une serpe d'or, tandis qu'on sacrifie deux bœufs blancs... Il est le seul à le raconter et l'on n'a jamais découvert de serpe d'or ! On sait cependant que les Gaulois tiraient de cette plante sacrée – qu'ils appelaient " celui qui guérit tout " – une boisson censée rendre la fécondité et agir comme un puissant anti-poison. Plante parasite qui reste verte en plein hiver, le gui symbolise la victoire sur la mort et l'éternité.

Buste de femme parée d'un torque (Ier siècle ap. J.-C.), découverte dans la source des Roches, à Chamalières (Puy-de-Dôme). On l'appelle la "druidesse de Chamalières ".

Des prêtresses ?

Divers indices laissent penser que les femmes jouent aussi un rôle en matière de sacré, comme prophétesses notamment. Au premier âge du fer, certaines devaient même cumuler les fonctions religieuses et politiques qui étaient alors entre les mains des mêmes individus, à la fois chefs spirituels et militaires de leur communauté. C'est probablement le cas de la princesse de Vix (*voir pp. 22-23*).

Arbre sacré en bois et bronze doré du IIIe siècle av. J.-C (Manching, Bavière). Certains arbres, comme le chêne rouvre, étaient semble-t-il considérés comme la manifestation d'un dieu majeur, resté anonyme.

– 43 *Munatius Plancus fonde la colonie de Lyon (Lugdunum) qui devient la capitale des Trois Gaules (Gaule cisalpine, Gaule transalpine et Gaule chevelue).*

– 42 *Rattachement de la Gaule cisalpine à l'Italie.*

Un panthéon insaisissable

Quand Brennus saccage le sanctuaire de Delphes, en 290 av. J.-C., il éclate de rire en voyant que les Grecs donnent à leurs dieux une forme humaine. Cela signifie que les Celtes d'alors ne représentent pas les leurs, ou autrement. Et, en effet, on connaît très peu de représentations de divinités avant l'époque romaine. Les images fantastiques qu'ils nous ont léguées sont-elles celles de dieux, de héros ou d'ancêtres légendaires ?

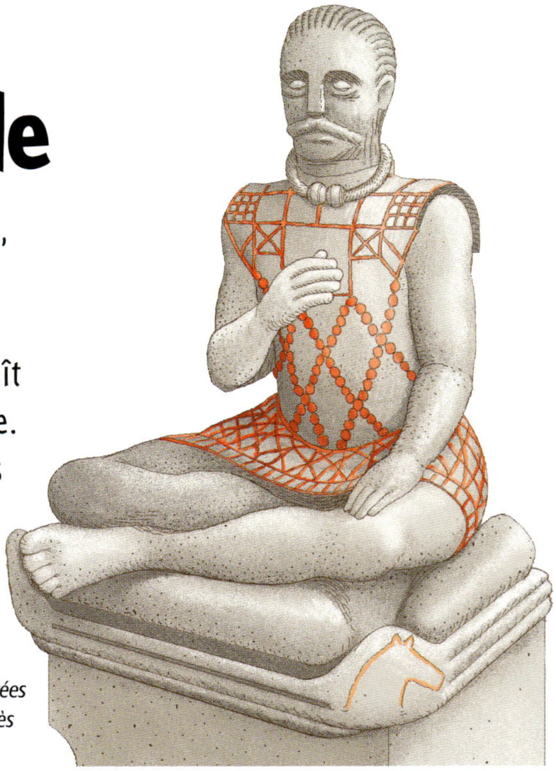

Reconstitution d'une des statues de guerriers retrouvées à Roquepertuse, près d'Aix-en-Provence.

Le gang des grandes oreilles

Aux VIe et Ve siècles av. J.-C., des statues de guerriers, dont la haute stature signale des tombeaux importants, mais également des animaux et des êtres fantastiques (*voir DVD, ch 10*), ornant des bijoux et de la vaisselle, sont affublés d'une étrange coiffure, constituée par deux lobes démesurés. On y a vu – avec beaucoup d'imagination ! – la représentation de feuilles de gui et un symbole de divinité (un peu comme l'auréole des saints dans la religion chrétienne). Ceux qui la portent seraient-ils divins ?

Statue du prince de Glauburg-Glauberg (Ve siècle av. J.-C.), découvert près d'un tumulus, en Hesse (Allemagne).

Guerriers hiératiques

D'autres personnages, portant torque et cuirasse, assis en tailleur, ont été découverts dans des sanctuaires, de la Provence à l'Allemagne. Sont-ils des dieux ? Des personnages héroïsés ? Difficile de dire qui est ainsi représenté. Ceux pour qui elles se dressent ont emporté avec eux leur secret, mais sans doute n'étaient-ils pas n'importe qui...

Version latine...

À l'époque de la conquête, Jules César écrit que les Celtes vénèrent cinq dieux principaux, correspondant approximativement à Mercure, Apollon, Mars, Jupiter et Minerve, tout en soulignant que seul le premier, appelé *Dis Pater*, est fréquemment représenté. Que vaut son témoignage qui cadre mal avec la réalité archéologique ? On a en effet répertorié plus de 300 noms gravés sur des dédicaces, à l'époque gallo-romaine, et une multitude de statuettes de la même période dont on ne trouve nul équivalent dans le monde latin ? Les principaux sont Esus, dieu forestier, Teutates, dieu-chef de la tribu, Taranis, le maître du ciel, et Cernunnos, le maître du bétail et de la faune sauvage, ainsi que des déesses de la fertilité, souvent représentées par trois.

– 35/ – 12
Rome conquiert la vallée du Danube jusqu'en Illyrie (actuelle Albanie), puis la Pannonie (actuelle Hongrie).

– 31
À la bataille navale d'Actium (sur la côte occidentale de la Grèce), Octave – petit-neveu de Jules César – est vainqueur de son rival politique Marc Antoine et de sa royale épouse Cléopâtre. C'est la fin des guerres civiles qui ont suivi l'assassinat de Jules César.

Cernunnos, le dieu de la faune, est coiffé de bois de cerf, symboles de vitalité (ils repoussent chaque année).

Un monde foisonnant

En fait, il est probable que chaque tribu avait ses dieux protecteurs, chaque lieu sacré sa divinité... Contrairement à la mythologie grecque, il ne semble pas qu'il y ait de panthéon* celte, au sens d'une famille de divinités reliées par un lien de parenté et dotées de compétences bien définies. Le monde des dieux semble constitué d'une multitude d'êtres surnaturels dont les rapports et les attributs ont été bricolés au gré de l'histoire et des contacts.

Chenet à tête de taureau (Iᵉʳ siècle av. J.-C.), trouvé dans une tombe de la forêt de Bretonne (Seine-Maritime).

Le mirage irlandais

Les récits mythologiques irlandais et gallois, retranscrits par des moines à partir du VIᵉ siècle (*voir p. 73*), ne nous aident pas vraiment à y voir plus clair, car ils mettent en scène les aventures de divinités et de héros locaux. Ils nous laissent cependant deviner l'importance de certains éléments essentiels de la mythologie celte : les rites liés à l'eau et au chiffre 3, le culte de la tête coupée, la force des interdits (manger du chien par exemple) dont la transgression signe l'arrêt de mort du héros, le symbolisme de certains animaux (le cerf guide les héros vers l'autre monde, le taureau incarne la force), la signification magique des chaudrons (ils permettent aux morts de retrouver leurs forces dans l'au-delà), le goût de la métamorphose, etc. Dans ces récits, la frontière entre le monde visible et le monde invisible n'est pas étanche. Les dieux se mêlent souvent aux humains, particulièrement durant la fête de Samhain, le 1ᵉʳ novembre, associée aux morts et à l'Autre Monde. Ce jour- là, les frontières du temps et de l'espace sont abolies. Cette fête est à l'origine d'Halloween et de la Toussaint...

– 30
Cléopâtre, dernière reine d'Égypte, se suicide en se faisant mordre, selon la légende, par un serpent. L'Égypte devient province romaine.

– 27
Octave reçoit le titre d'Auguste, normalement réservé aux dieux : la République romaine devient Empire.

Les secrets des images

Tissées, gravées, peintes, moulées, sculptées : les images sont omniprésentes. Mais dans une civilisation qui s'interdit l'écriture, elles ne sont pas seulement décoratives. Protectrices ou maléfiques, montrées ou cachées : le sacré n'est jamais très loin.

Garniture de couvercle en bronze d'un vase disparu, probablement en bois, trouvée à l'avant d'un char, dans une tombe du IIIe siècle av. J.-C. à Roissy, dans le Val-d'Oise. Cette pièce moulée extraordinaire illustre bien le style foisonnant de l'art celte du second âge de fer.

As de la règle et du compas

Au début de l'âge du fer, le goût est à la géométrie : potiers, bronziers, orfèvres et tisserands combinent à l'infini les figures élémentaires du cercle, du triangle et du rectangle, qui sont gravées ou peintes sur les vases, estampées ou repoussées sur les boucles de ceintures et les parures, brodées ou tissées sur les vêtements. Des figures très complexes, basées sur la décomposition du cercle, ornent des phalères* en bronze (*voir DVD, ch.10*) qui annoncent déjà le second âge du fer. De ces décors abstraits émergent exceptionnellement des représentations très schématiques de personnages ou d'animaux. La figuration proprement dite est alors réservée au politique et au religieux : des scènes et des animaux extraordinaires, d'une mythologie disparue, ornent le service à boire, la vaisselle d'apparat et les bijoux des grands princes. La statuaire représente quant à elle des guerriers, assis ou debout, qui nous intimident encore par leur sévérité (*voir p. 54*).

Animal fantastique ornant une cruche en bronze (fin du Ve-début du IVe siècle av. J.-C.), découverte à Basse-Yurtz en Moselle. Des motifs spiralés soulignent les épaules, le dos et les oreilles, tandis que de petits traits incisés simulent le pelage.

DE TOUTES LES COULEURS

On découvre aujourd'hui, par l'analyse physique et chimique, qu'un grand nombre de choses – les statues notamment – n'étaient pas comme on le croyait de teinte naturelle (pierre ou bois), mais peintes de couleurs vives : jaune, rouge, ocre, bleu, blanc et noir principalement. Les Celtes utilisaient pour cela des pigments minéraux et végétaux ou incrustaient des morceaux d'ambre et de corail. On devine un univers polychrome, bariolé et clinquant, à des lieues de la sévérité que l'on imaginait auparavant.

vers 33
Jésus de Nazareth est crucifié à Jérusalem. Les Apôtres commencent leur mission d'évangélisation du monde romain.

40
Mort de Cunobelinos, roi du puissant peuple celte des Trinovantes, installé dans le Kent et connu par de nombreuses monnaies. Il est le Cymbeline de la tragi-comédie du même nom, écrite par Shakespeare sur la fin de sa vie.

Montrer tout en cachant

Au second âge du fer, l'opposition entre décor et figuration s'efface, traduisant un profond changement des mentalités : la géométrie rigide d'autrefois se cantonne aux motifs tissés. Orfèvres, bronziers, forgerons et potiers empruntent la palmette et la fleur de lotus aux Grecs et aux Étrusques, et les interprètent dans un style libre, plein de mouvement. Courbes et contre-courbes envahissent pierre, bijoux et vaisselle. Elles engendrent un monde exubérant, riche de formes sinueuses et d'enroulements où se dissimulent visages, animaux fantastiques et formes végétales. Jouant magistralement sur l'emboîtement des formes, l'opposition entre le vide et le plein, le proche et le lointain, la symétrie et le miroir, l'intérieur et l'extérieur, les artistes multiplient sur un même objet les formes évanescentes et enchevêtrées. Le regard, glissant de l'une à l'autre, ne parvient pas à se fixer. Dans ce foisonnement d'un monde en mutation permanente, où tout est dans tout, chacun voit ce qu'il peut, et seul un regard initié peut décrypter l'imbrication et le sens caché des images. Car on ne voit que ce que l'on connaît : voir s'apprend et il y faut des clés. À l'archéologue, s'il le peut, de les retrouver (*voir DVD, ch. 09*).

Vase trouvé à Gandaillat (Puy-de-Dôme), du IIe siècle av. J.-C. Motifs géométriques et quadrupèdes stylisés s'enchevêtrent et forment un décor exubérant.

Ce fragment de plaque ajourée en or représente un visage réversible ! Selon le sens dans lequel on le tourne, on peut y voir une tête barbue et renfrognée ou bien un visage souriant et étonné. Comme souvent dans l'art, une image peut en cacher une autre.

Morceaux choisis

À la fin de l'âge du fer, excepté sur la céramique peinte, ce grand art ésotérique disparaît. La parure devient sobre. L'image est transférée sur un nouveau support, la monnaie, où elle permet d'identifier les peuples émetteurs. Les artistes qui gravent les coins monétaires accumulent sur les revers personnages, animaux réels ou fabuleux et objets symboliques qui évoquent des épisodes précis de la mythologie. L'image devient ici narrative.

43
L'empereur romain Claude conquiert le sud de l'île de Bretagne (la Grande-Bretagne actuelle) et fonde en 44 la ville de Londinium (Londres). Cette date marque aussi la fin des monnayages celtiques dans les îles bretonnes.

60/70
Le bouddhisme s'introduit en Chine, tout particulièrement dans l'aristocratie, et, en quelques siècles, se naturalise chinois. Les écoles indigènes s'implantent dans toute l'Asie du Sud-Est, tandis que cette religion disparaît peu à peu de l'Inde.

Derniers voyages

Selon les Anciens, les Celtes croient que les âmes réintègrent un nouveau corps après la mort. Au IIIe siècle, les archéologues observent l'apparition de nouveaux rites funéraires. Témoignent-ils d'un changement de croyances ? Il est difficile de répondre, mais, à tout le moins, on change de mode de transport vers l'au-delà. Tous, d'ailleurs, n'empruntent pas les mêmes chemins.

Demeures de cendre

Une nouvelle mode funéraire se répand au milieu du second âge du fer : au lieu de déposer le corps du défunt en pleine terre, on le brûle sur un bûcher et l'on n'enterre plus que ses cendres : c'est l'incinération. On dépose ces restes dans une fosse, soit directement en pleine terre, soit dans un petit sac, soit dans une urne : un vase usuel que l'on recouvre souvent d'une jatte faisant office de couvercle. Les dimensions de la fosse sont, comme avant, proportionnelles à la richesse du défunt : les armes du guerrier sont volontairement détruites en les pliant, et l'on dépose à côté nourritures, boissons, vaisselle et ustensiles dont le nombre et le luxe correspondent au rang de chacun. La fosse, creusée au centre d'un petit enclos rectangulaire ou carré, délimité par un fossé, est parfois surmontée d'un édifice en bois : on y vient entretenir la mémoire du défunt avec des libations et lui demander conseil par le rêve.

Reconstitution d'une tombe du Ier siècle av. J.-C. : les cendres du défunt sont déposées dans un chaudron en bronze, entouré de vaisselle, d'une amphore à vin, d'un chenet et d'une côte de porc.

Le mort est placé sur le bûcher, vêtu, paré et accompagné d'objets que les archéologues retrouvent fondus et mêlés aux cendres, tels des bijoux en bronze et des bracelets en verre.

– 25
La Galatie (royaume celte d'Anatolie, en Turquie actuelle) devient province romaine.

– 6
Auguste ordonne un vaste recensement de la population dans tout l'Empire. Jésus de Nazareth naît à Bethléem où ses parents se sont rendus pour se faire enregistrer.

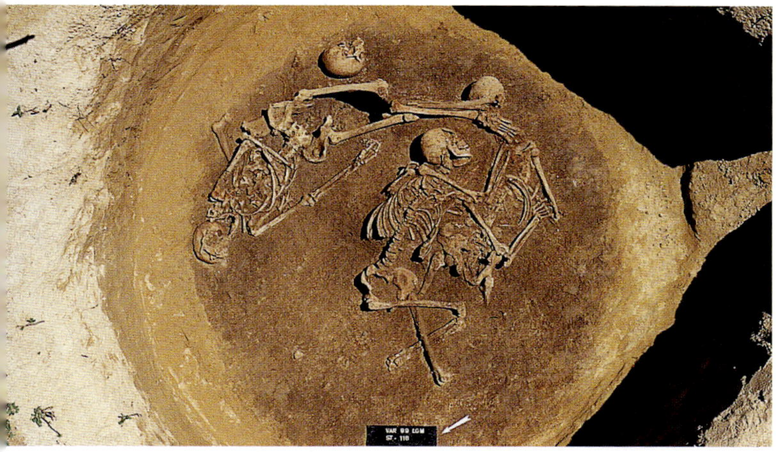

À Varennes-sur-Seine, en Seine-et-Marne, on a découvert un silo à céréales du IIe siècle av. J.-C où six femmes ont été déposées successivement.

Des rites énigmatiques

Mais l'incinération ne s'impose pas partout, ni pour tout le monde. On sait aujourd'hui que les morts sont diversement traités et que leurs restes sont manipulés. Dans les maisons, les ossements humains sont fréquents parmi les déchets. Fragments de calottes crâniennes et de mandibules sont certainement les vestiges ultimes de têtes coupées d'ennemis, qui ornaient à l'origine un bâtiment. Mais d'autres restes témoignent clairement de pratiques funéraires différentes, comme par exemple les squelettes entiers d'hommes ou de femmes – parfois mains liées dans le dos ou en position contractée, sans parures ni dépôts – que l'on retrouve assez régulièrement ensevelis dans des silos abandonnés. S'agit-il d'individus de rang inférieur, d'esclaves, de proscrits ? Ou au contraire sont-ils les élus d'un rite agraire qui les honore et dont les premières manifestations remonteraient à l'âge du bronze ?

BAGAGES ACCOMPAGNÉS

« Les Gaulois sont tellement persuadés que l'âme est immortelle qu'ils se prêtent de l'argent remboursable dans l'au-delà. Lorsque meurt un chef de haute lignée, la famille s'assemble, et s'il y a un doute sur la cause du décès, on interroge les épouses que l'on condamne à mort si on les pense coupables. Les funérailles sont somptueuses. Ils portent au feu tout ce que le défunt aimait. Même les animaux. [...] Ils jettent aussi dans les flammes des messages à des parents morts, comme si ces derniers allaient les lire » (d'après Posidonios, IIe siècle av. J.-C.).

Un mystère au pied de Gergovie

En 2002, des archéologues découvrent lors d'une fouille de sauvetage sur le tracé de la rocade de Clermont-Ferrand une étrange sépulture : dans une grande fosse huit hommes et leurs chevaux reposent, soigneusement alignés, chacun couché sur le côté droit, la tête au sud et le bras gauche posé sur celui qui le précède. Aucun mobilier ni pièce de vêtement ne les accompagne. Néanmoins, le type et la taille des chevaux, les datations au carbone 14 et quelques tessons de poterie indiquent clairement la fin de la période gauloise, en un lieu proche de celui de la bataille de Gergovie, qui vit reculer les troupes de César devant celles de Vercingétorix. S'agit-il de victimes gauloises de la fameuse bataille ? Rien n'est moins sûr car ni les hommes ni les chevaux ne présentent de traumatismes... A-t-on affaire alors à un rite proche de celui que dépeint Jules César pour le roi des Sotiates ? Celui-ci était entouré de 600 hommes fidèles, appelés *soldures* (" dévoués "), avec lesquels il partageait sa puissance et tous les biens et plaisirs de la vie. Mais quand il meurt, ses compagnons doivent l'accompagner et mourir avec lui. Aucun ne se dérobe...

La tombe de Gergovie où les dépouilles de huit hommes et huit chevaux sont soigneusement alignées.

1 à 500
En Amérique centrale, essor de la civilisation zapotèque et de la civilisation maya classique.

vers 10
Les Gaulois offrent un torque d'or de 100 livres à Auguste. Fin des émissions de monnaies gauloises sur le continent.

Des tribus aux empires

À partir du IVe siècle, des tribus et des peuples s'unissent en confédérations et en empires souvent rivaux, dirigés par les membres les plus puissants. L'apparition de la monnaie métallique est le témoin éminent de ce phénomène.

1

L'Empire des Arvernes

Les Arvernes – qui ont donné leur nom à l'Auvergne – sont connus grâce à Vercingétorix. Mais leur histoire est bien plus ancienne. D'après l'historien grec Strabon, leur suprématie s'exerce sur un très vaste territoire : des portes de la Provence au Languedoc, des Pyrénées à l'Atlantique et au Rhin. Ennemis jurés des Romains, dont l'expansion menace leur hégémonie, ils prêtent d'abord main-forte aux Carthaginois, qui franchissent les Alpes pour attaquer Rome. En 121 av. J.-C., ils s'opposent à la conquête de la Provence en alignant 200 000 hommes sous les ordres du fils du fameux Luern, Bituitos, face au consul Fabius Maximus Aemilianus. La défaite cinglante qu'ils essuient à proximité d'Aix et le rapt de leur chef annoncent le déclin de cet empire légendaire au bénéfice de sa grande rivale pro-romaine : la confédération des Éduens. En 52 av. J.-C., ils mobilisent cependant un contingent comparable pour l'armée de secours qui tente de briser le siège d'Alésia. Ce nombre permet d'estimer la population arverne à environ un million de personnes.

Florus, historien latin du IIe siècle, raconte ainsi la victoire des Romains sur les Arvernes : « La bataille se déroula à proximité de la confluence du Rhône et de l'Isère. La plus grande terreur fut causée aux Allobroges et aux Arvernes par les éléphants […]. Le plus beau spectacle fut lors du triomphe des généraux à Rome : on y vit le roi Bituitos, tel qu'au combat, avec ses armes multicolores et son char d'argent. »

61
Révolte des Icéniens et autres peuples de Grande-Bretagne sous la conduite de la reine Boudicca. Ils mettent à sac les grandes villes romaines mais sont finalement vaincus. Boudicca se suicide.

64
Un gigantesque incendie détruit Rome. L'empereur Néron, soupçonné d'avoir mis le feu à sa capitale, accuse les chrétiens. C'est le début de leur persécution, avec le supplice et la mort de l'apôtre Pierre, le premier pape.

2

3

Beaucoup des monnaies d'or des Celtes occidentaux dérivent du statère grec de Philippe II de Macédoine (359-336). Le droit représente un visage masculin de profil portant une couronne de laurier. Le revers figure un char conduit par un aurige et tiré par des chevaux. Le modèle original ① est d'abord copié fidèlement ②, puis les graveurs gaulois s'en éloignent en décomposant l'image dans un style qui leur est propre ③.

Forteresses et villages ouverts

Le Massif central, forteresse naturelle située au carrefour du monde civilisé et des espaces barbares de l'Ouest et du Nord, offrait aux Arvernes une position stratégique convoitée. L'archéologie montre que la population était très dense dans les fertiles plaines volcaniques de Limagne, autour de Clermont-Ferrand et d'Issoire, où naissent dès la fin du IIIe siècle av. J.-C. de grandes agglomérations ouvertes, comme Aulnat. Des villes fortifiées, les oppidums (*voir pp. 66-67*), et des sanctuaires comme Corent (*voir p. 51*) étaient édifiés dans les montagnes environnantes. Les fouilles montrent aussi qu'ils possédaient des mines d'or prodigieuses. Leur plus grande originalité fut justement d'introduire chez les Celtes la monnaie de métal.

SOUS LA PRESSION DE ROME

Vers 200 av. J.-C., la Gaule cisalpine – le nord de l'Italie où sont implantés des Celtes – devient province romaine. Puis c'est au tour de l'Espagne, avec la chute de la ville celtibère de Numance et la création des provinces de Bétique et de l'Espagne Citérieure. Enfin, vers 118 av. J.-C., la province de Transalpine – aujourd'hui le Languedoc – voit le jour avec la fondation de Narbonne. La conquête de la " Gaule chevelue " par Jules César sera une étape de plus, mais non la dernière, dans la domination par Rome de l'Occident barbare.

Premières monnaies

Hors d'Italie, les premières monnaies celtes apparaissent au tout début du IIIe siècle av. J.-C. Ce sont des monnaies d'or, d'un poids moyen de 8 g, qui prennent pour modèle le statère de Philippe II de Macédoine, père d'Alexandre le Grand (*voir légende*). Le prototype en a sans doute été rapporté par des mercenaires dont la solde était fréquemment payée en " philippes ". Un peu plus tard, au nord de la Seine et en Belgique, les Ambiens s'inspirent d'un autre statère : celui de Tarente. Le prototype est peut-être arrivé là par voie maritime, jalonnant la route de l'étain. Il représente aussi un profil masculin et un char à deux roues. Ces premières monnaies, en bon or, ont trop de valeur pour servir aux petites transactions. Elles sont un bien prestigieux qui ne circule pas entre toutes les mains, et leur fonction est sans doute moins économique que politique : on affiche ainsi son statut et l'appartenance de son peuple à un vaste réseau d'alliances entre plusieurs tribus, sous une autorité commune. Ces monnaies sont presque toujours découvertes groupées en dépôts enterrés : il pourrait s'agir d'offrandes scellant de tels pactes, qui doivent être régulièrement confirmés lors de cérémonies civiques.

68-70
À l'appel de Vindex – gouverneur de la Lyonnaise – Éduens, Séquanes et Arvernes se révoltent contre Néron et les scandales qui discréditent l'Empire. L'insurrection s'étend jusqu'en Espagne. Les légions y mettent fin par le massacre de Besançon où Vindex se suicide.

79
Dans le sud de l'Italie, près de Naples, une violente éruption du Vésuve ensevelit brutalement sous les cendres les cités de Pompéi, Herculanum et Stabies. Elles seront redécouvertes à la fin du XVIIIe siècle et les fouilles archéologiques se poursuivront jusqu'à nos jours.

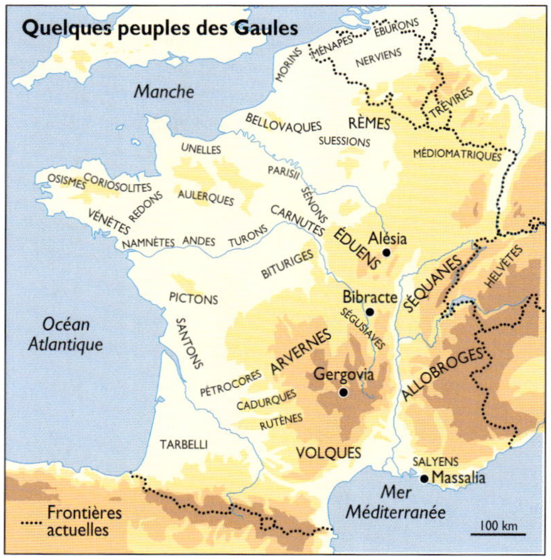

Des monnaies et des peuples

À partir du IIe siècle av. J.-C., des peuples de plus en plus nombreux se lancent dans l'aventure monétaire. Ils émettent des pièces d'or (les statères), puis des monnaies d'argent et de bronze qui symbolisent leur souveraineté. La plupart ne portent aucune inscription, si ce n'est quelquefois le nom d'un personnage éminent. Retrouver les peuples qui les ont frappées est le jeu favori des numismates*.

Diversification tous azimuts
Les graveurs partent souvent d'un modèle emprunté aux Grecs ou aux Romains, qu'ils interprètent librement, en décomposant l'image originale dans un style schématique et presque abstrait. Pour distinguer chaque peuple émetteur, ils mettent fréquemment l'accent sur un élément, auquel ils ajoutent des symboles en rapport avec les mythologies barbares : sangliers, chevaux, torques, chaudrons, roues, têtes coupées et chimères – créatures à moitié humaines et à moitié animales. Ou bien encore des oiseaux, comme sur ce statère armoricain où un rapace, juché sur la croupe d'un cheval, laisse échapper de son bec une mystérieuse boule.

Le cheval : un thème décliné à l'infini
Rares sont les peuples qui n'ont pas utilisé le cheval au revers de leurs monnaies, soit attelé à un char, soit monté, soit libre et galopant. Pour différencier les peuples qui les émettent, les graveurs jouent sur l'orientation de l'animal et sur les styles : presque abstrait, comme sur ce statère des Bellovaques (région de Beauvais), ou au contraire naturaliste, comme sur celui des Armoricains (*ci-dessus*).

78/86
Agricola établit la frontière de la Bretagne romaine entre les rivières du Firth of Forth et de la Clyde. Une partie du pays de Galles ainsi que l'Écosse demeurent indépendantes ; l'Irlande ne sera jamais colonisée.

vers 100
L'utilisation du papier se développe en Chine. Son usage n'apparaîtra dans le monde arabe qu'en 750 et il faudra attendre les XIe-XIIe siècles pour le voir se répandre en Europe.

POTINS ET MENU FRETIN

Au IIe siècle av. J.-C., dans la vallée du Rhône, certains peuples s'inspirent des petites pièces qu'utilisent couramment leurs voisins grecs de Marseille. Ils émettent pour la première fois une " menue monnaie ", alliage de cuivre et de plomb. Ces pièces, qui ne sont pas frappées mais coulées dans des moules, n'ont pas de valeur en soi et valent ce qu'en décident les usagers ou les autorités monétaires (un peu comme notre papier monnaie). L'utilisation de ces " potins " – c'est ainsi que s'appelle l'alliage dont sont faites ces pièces – se répand très vite.

SCHÉMATISME ET ABTRACTION

Sur le profil de ce statère des Parisii (région de Paris), le visage, digne d'un Picasso, est décomposé en éléments simples. Chaque partie devient autonome et renvoie à un signe qui peut être utilisé ailleurs pour toute autre chose. La bouche, par exemple, évoque un torque comme celui porté à la main par le " lutin " du potin des Rèmes (*en haut, à droite*). La ligne du cou est évoquée par un motif en Y renversé que l'on retrouve sur le statère armoricain (*page de gauche*) pour figurer un monstre sous le ventre du cheval.

LE DENIER L'EMPORTE

À la fin du IIe siècle av. J.-C., alors que la Gaule transalpine devient province romaine, les Éduens et leurs clients abandonnent l'or pour l'argent et adoptent comme étalon le denier romain. Cette zone du denier, long couloir qui part du Rhône vers le nord et les métaux de l'île de Bretagne, devient un espace privilégié de transactions marchandes avec Rome du fait des équivalences entre monnaies. D'abord dépourvues de légendes, les monnaies celtes s'ornent progressivement d'inscriptions en caractères grecs ou romains : noms des peuples ou plus souvent de leurs chefs ou magistrats.

117/138
En Grande-Bretagne, l'empereur Hadrien ramène la frontière de la province romaine vers le sud, entre la Tyne et la Solway, et construit sur toute la largeur de l'île un mur pour se protéger des Pictes, tribus de l'actuelle Écosse : c'est le fameux mur d'Hadrien.

180-197
La garnison du mur d'Hadrien subit de graves attaques. L'empereur Septime Sévère reconstruit la fortification et exerce une répression implacable à l'encontre des populations hostiles.

Révolutions à la chaîne

Le IIe siècle av. J.-C. est un moment de bouleversements politiques intenses, car Rome accentue sa pression en fondant des colonies tout autour de la Méditerranée. Dans le monde barbare, des révolutions techniques en cascade transforment profondément le travail de l'agriculteur et de l'artisan, ainsi que le paysage.

À partir du IIIe siècle av. J.-C., perles et bracelets de verre translucide deviennent fréquents dans le monde celte. Les ateliers connus sont surtout localisés en Bohême, en Bavière, en Slovénie et sur le plateau suisse.

De l'artiste à l'artisan

Le verrier se lance avec témérité dans la fabrication de fragiles bracelets en verre translucide, aux couleurs chatoyantes, et l'émail vient avantageusement rehausser le décor des armes et des parures, en remplaçant ambre et corail, trop coûteux désormais pour couvrir les besoins. Le changement le plus spectaculaire est que l'artisan, jadis attaché au service des grands aristocrates pour lesquels il réalisait des pièces uniques, commence à produire en série pour une clientèle bien plus large. Forgerons et bronziers fabriquent " à la chaîne " des parures standardisées et des vaisselles de tôle embouties et rivetées. Ils fabriquent toujours des armes, mais inventent aussi quantité d'outils. Le fer se vulgarise avec la clouterie, qui révolutionne les techniques d'assemblage des meubles et de la construction. La vaisselle de table est désormais réalisée au tour rapide par des artisans spécialisés qui ont mis plusieurs années à apprendre le métier dans un atelier. Ces artisans se regroupent avec des commerçants dans de grandes agglomérations sans fortification. Parmi les objets nouveaux, mentionnons de longues clés courbes qui servent à fermer pièces et bâtiments : elles indiquent un profond changement dans les comportements et les mentalités à l'égard de l'espace, des biens et de la propriété.

Atelier de potiers : au premier plan, l'artisan modèle un vase au tour à main ; à droite, un de ses compagnons prépare le four : les poteries à cuire sont séparées du combustible par une sole ajourée. En arrière-plan, deux hommes foulent l'argile mise à décanter dans une fosse.

253/ 276
L'empire romain sombre dans une période d'anarchie militaire qui favorise les incursions barbares sur les frontières du nord. C'est le temps des " empereurs gaulois ". Le plus célèbre, Tétricus, se rend finalement à Aurélien en 274. C'est le début du Bas-Empire.

275/ 277
Début des invasions barbares : Sarmates, Francs et Alamans envahissent les provinces occidentales de l'Empire. Rome se dote d'une enceinte fortifiée, le limes.

Révolution tombée du ciel

La photographie aérienne, très utilisée par les archéologues, dévoile un semis dense de fermes, entourées de champs rectangulaires délimités par des fossés et desservis par des chemins. Ces fermes sont bien souvent jumelées à des petits cimetières familiaux. On sait même, grâce aux fouilles de sauvetage, qu'elles sont régulièrement reconstruites au même endroit : finie donc la rotation des établissements sur le terroir qu'on pratiquait jadis au rythme des générations ; ce sont maintenant les cultures et l'élevage qui se succèdent sur les parcelles environnantes, selon les saisons et les années. Le paysage, avec ses hameaux et ses fermes isolées, ses chemins, ses champs et ses friches repoussées de plus en plus loin, se fixe pour longtemps. Certaines de ces fermes deviendront de grandes villas à l'époque romaine.

Le vallus est utilisé dans les grandes plaines du nord de la Gaule. Il est composé d'une caisse de bois posée sur deux roues et poussée par un animal. Sur le devant, des dents en bois détachent les épis qui tombent dans la caisse.

Nouveaux agriculteurs

Les éleveurs importent désormais de la Méditerranée de nouvelles races et obtiennent par croisement des animaux plus grands et plus forts, qui répondent à des besoins croissants en viande et en énergie. À côté des serpes, apparaissent les premières faux en fer pour récolter le fourrage d'hiver et de puissants socs d'araire en fer pour labourer. Les agriculteurs, qui peuvent acquérir des semences à l'extérieur en cas de mauvaise récolte, abandonnent le mélange de plusieurs céréales (*voir p.30*) et concentrent leurs efforts sur la culture de quelques variétés aux rendements assurés. On invente même dans les régions du Nord la première machine agricole, le *vallus*, instrument destiné à moissonner de grandes parcelles plus vite et avec moins de main-d'œuvre. Ces changements sont intimement liés à deux autres révolutions : la monnaie (on produit désormais pour vendre) et la “ ville ” (*voir p.66*).

DES GAULOIS À L'ENCYCLOPÉDIE

*Les forgerons gaulois inventent des panoplies d'outils – par exemple celles du charpentier ou du bourrelier – qui varieront peu jusqu'au XVIIIe siècle, période à laquelle on les trouve représentées dans les planches de l'*Encyclopédie *de Diderot et d'Alembert.*

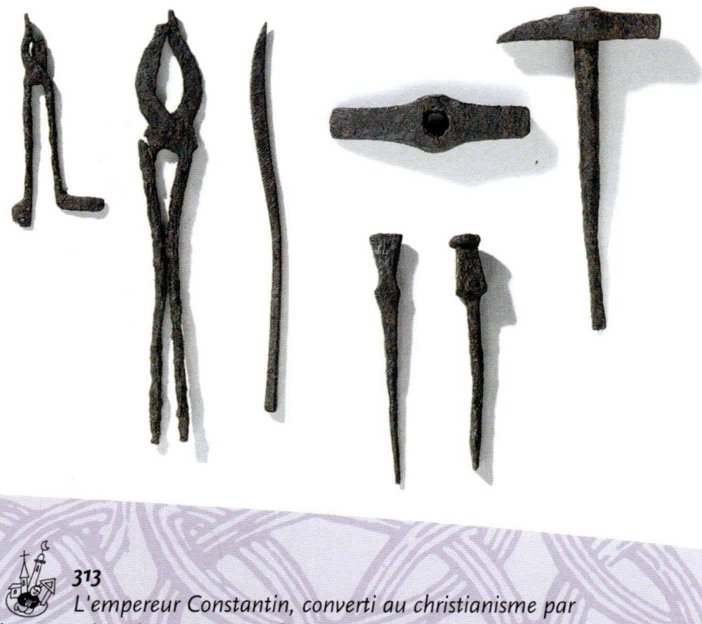

vers 300
Premiers raids saxons en Bretagne : ces Germains du Nord lancent des opérations de brigandage le long de la façade est de l'île. L'administration romaine s'effrite peu à peu.

313
L'empereur Constantin, converti au christianisme par le “ miracle ” de sa victoire éclatante sur son adversaire Maxence, promulgue l'édit de Milan, qui établit la liberté de culte. Les chrétiens se pressent en pèlerinage sur les tombeaux des martyrs.

Le temps des oppidums

L'oppidum de Bibracte, en Bourgogne. On distingue le long rempart qui entoure une bonne partie du mont Beuvray, alors fortement déboisé.

À la fin de l'âge du fer, de la Hongrie au sud de l'Angleterre, les Celtes érigent de très vastes fortifications dont certaines opposeront une vive résistance aux armées romaines, telles Gergovie ou Alésia. S'agit-il d'ouvrages purement militaires ? On a longtemps voulu le croire, mais les fouilles montrent que les oppidums sont bien plus que cela.

Des remparts pour être vus

Comme le montrent bien les châteaux forts, quand on privilégie la défense, on réduit la surface et la longueur des fortifications à protéger. Avec des superficies couvrant des dizaines d'hectares et des kilomètres de remparts, les oppidums sont exactement l'inverse. Les architectes n'hésitent pas à leur faire dévaler les pentes plutôt que de suivre un tracé horizontal qui oppose à l'assaillant l'obstacle du dénivelé ; les parements extérieurs – avec leur base en grandes pierres plates posées verticalement – sont plus décoratifs qu'efficaces face aux engins d'assaut des Romains. Les portes elles-mêmes, où arrivent de larges voies pour la circulation, avec leurs doubles vantaux, leur étage et leur décor de crânes cloués, ressemblent plus à des arcs de triomphe qu'à d'étroits ponts-levis. Enfin, ces fortifications, aux blancs remparts démesurément développés, couronnent des hauteurs ou occupent le fond de vastes vallées, à l'époque déboisées : elles sont donc visibles de loin. Comme l'Acropole pour les Athéniens, l'oppidum offre ainsi fièrement aux citoyens et aux étrangers le spectacle de la puissance de la tribu, inscrite monumentalement dans le paysage.

Les remparts qui entourent les oppidums sont faits de pierres, de terre et de poutres de bois reliées par de grands clous. César appelle cette technique le murus gallicus*.*

330
L'Empire romain, immense, est devenu ingouvernable et résiste mal à la pression des Germains. L'empereur Constantin rétablit l'ordre et s'établit à Nicomédie, sur les bords du Bosphore. Il décide de créer une nouvelle capitale, une "deuxième Rome", à Byzance.

350
Les Scotti (« pirates ») d'Irlande pillent les côtes de l'île de Bretagne et font des incursions répétées chez les Pictes, un peuple du Nord qui occupe ce qui deviendra plus tard l'Écosse. Ils s'y installeront finalement en important leur langue : le gaélique.

Des villes avant la conquête

À l'intérieur de ces villes fortifiées, de grandes rues et de plus petites desservent des secteurs densément lotis, tandis que de vastes espaces restent vacants. De riches maisons – à la romaine parfois, comme à Bibracte – y côtoient de plus modestes. Dans des quartiers spécialisés, forgerons et bronziers fabriquent et réparent les objets de la vie quotidienne, des armes ou des produits plus recherchés (vaisselle en bronze, parures en métaux précieux, etc.). S'y trouvent aussi des commerçants – certains romains ! – qui importent le sel et le vin que l'on consomme en quantité lors des festins, sur place ou dans les sanctuaires et dans les fermes des notables des environs. En sens inverse, blé, troupeaux et esclaves de guerre transitent là, avant d'être exportés chez des peuples voisins ou beaucoup plus loin. L'oppidum, enfin, est souvent le siège d'ateliers monétaires, et comporte généralement des sanctuaires où, sous le contrôle des druides, se pratiquent les cultes de la cité. Petite capitale fière de l'être et de le montrer, l'oppidum assume donc de nombreuses fonctions économiques, religieuses et administratives qui sont celles d'une ville, même si son aspect est bien différent des cités grecques ou romaines.

DES NOMS D'ORIGINE GAULOISE

Nombre de villes ou de régions françaises tirent leur nom d'une tribu gauloise qui les peuplait à l'âge du fer. Ainsi en est-il de Bayeux (Baïocasses), de Lisieux (Lexoviens), de Beauvais (Bellovaques), de Tarbes (Tarbelles), de Saintes (Santons), de Poitiers (Pictons), de Tours (Turones), de Sens (Sénons), de Paris (Parisii), de Meaux (Meldes), de Vannes (Vénètes), de Soissons (Suessiones), de Reims (Remi), d'Amiens (Ambiani), du Velay (Vellaves), du Limousin (Lemovices) et de l'Auvergne (Arvernes).

Un héritage vieux de 2 000 ans

Ces capitales occupent souvent une position centrale sur le territoire d'un peuple, et sont relayées à distance par de plus petites, comme aujourd'hui les départements qui ont une préfecture, des cantons et des communes. Après la conquête, beaucoup d'oppidums sont abandonnés à cause de leur position perchée, mais les villes romaines qui en prennent la suite, dans les plaines et les vallées, s'édifient à proximité. Le réseau des oppidums préfigure ainsi à beaucoup d'égards le maillage urbain d'aujourd'hui.

La porte du Rebout, l'une des entrées de l'oppidum de Bibracte. En enfilade, le quartier de Come-Chaudron avec ses maisons à pans de bois, alignées le long de l'axe principal.

370
Martin, un ancien officier romain converti au christianisme et devenu évêque de Tours, évangélise les campagnes et propage le christianisme en Gaule.

394
L'empereur Théodose proclame la religion chrétienne seule religion officielle et ordonne la destruction des temples et des statues païennes.

Portraits de familles

Écrire la biographie des grands personnages gaulois est impossible. Mais en rassemblant les anecdotes dispersées dans les écrits des Anciens, on parvient, pour certains, à esquisser un portrait-robot qui se révèle plein de surprises et dément le cliché de barbares anarchiques, sans organisation sociale et politique. L'image de la société gauloise de la fin du second âge du fer en sort transfigurée.

Monnaie arverne en or frappée au nom et à l'effigie de Vercingétorix.

Vercingétorix, un " fils à papa "

Tous les livres d'histoire racontent l'épopée du jeune chef victorieux des Romains à Gergovie, son échec à Alésia, l'humiliation du prisonnier que César exhibe lors de son triomphe en 46 av. J.-C., et sa fin tragique, étranglé dans la prison du Tullianum, à Rome. Mais qui est vraiment Vercingétorix ? On sait qu'il naît vers 82 av. J.-C., à Gergovie, capitale des Arvernes (*voir p.60*). Son nom signifie " le très grand roi des guerriers ". On ignore le nom de sa mère, s'il eut des frères et sœurs, une épouse ou des enfants. Mais on connaît son père : Celtillos, le plus puissant des notables arvernes, qui a été mis à mort par ses compatriotes pour avoir tenté de rétablir la royauté. On connaît aussi l'un de ses oncles, Gobinatio, qui détient le pouvoir suprême dans la cité au moment de la conquête. Son cousin, Vercassivelaunus, commandera également à Alésia l'armée de secours. Vercingétorix est donc d'abord un jeune aristocrate, membre d'une élite qui a remplacé une ancienne royauté.

Vercingétorix, imaginé par un peintre du XIXe siècle, Lionel Royer.

Un stratège politique

Homme politique autant que chef de guerre, il se fait bannir de Gergovie à cause de son opposition à César ! Mais, en s'appuyant sur le peuple, il monte un coup d'État audacieux dont le succès lui donne le pouvoir suprême refusé à son père. En combattant les Romains, il viole d'anciens traités et change de camp : car au début de la guerre, il commandait très certainement la cavalerie arverne aux côtés des légions romaines... Il connaît donc bien César et, en bon stratège, parie sur les difficultés qui retiennent celui-ci en Italie pour déclencher l'offensive gauloise. Il ressort au bout du compte un portrait assez éloigné de l'image conventionnelle du jeune héros fougueux que tableaux romantiques et livres d'histoire ont immortalisé...

395
L'Empire romain est définitivement partagé en deux : l'Empire romain d'Occident aux mains d'Honorius ; l'Empire romain d'Orient dirigé par Arcadius, qui deviendra l'Empire byzantin.

406
Les Germains franchissent le Rhin gelé et pillent la Gaule, qu'ils ne quitteront plus.

Divitiacos, un notable pro-romain

Divitiacos est un grand notable éduen, ami des Romains. Un peu plus âgé que Vercingétorix, il jouit avant la guerre d'une grande notoriété dans toute la Gaule. On ne connaît pas son ascendance. Il a une sœur cadette par sa mère, remariée à un puissant aristocrate biturige, et un frère cadet ambitieux et agité – Dumnorix – qui lui doit son ascension sociale à la tête des Éduens. Ce frère tire son immense fortune du fermage des douanes et des impôts ; il s'est marié à la fille d'Orgétorix qui est le plus puissant des Helvètes, et commande la cavalerie éduenne. Ami personnel de César, Divitiacos l'accompagne tout au long de la guerre, le conseille, choisit des itinéraires pour les troupes, négocie des alliances ou des redditions.

Un nom prédestiné ?

Divitiacos signifie peut-être " le pieux " ou " le protégé des dieux ". Les noms gaulois sont en effet des sobriquets. Ainsi, Segomaros signifie " celui aux grandes victoires " ; Cintugnatus, " le premier-né " ; Dagodurnus, " celui qui a de bons poings " ; Dumnorix, " le roi du monde " ; Catuvolcus, " le faucon du combat " ; Curmisagios, "l'assoiffé de cervoise ". Comme certains résument un trait de caractère, on peut penser que le nom n'était pas donné à la naissance, excepté quand il signifie " fils de... ".

Monnaie éduenne en argent frappée au nom de Dumnorix, le frère de Divitiacos. Le guerrier brandit un carnyx d'une main et la tête coupée d'un ennemi de l'autre.

Savant, druide et guerrier

Mais il y a plus étonnant encore : en 61 av. J.-C., Divitiacos et sa famille sont... à Rome, où il prononce un discours devant le Sénat, en armes, debout et appuyé sur son long bouclier. Tout le désigne comme un guerrier. Par chance, il est aussi l'hôte de Cicéron : sans lui, on n'aurait jamais deviné que Divitiacos est également un druide, qui pratique les arts divinatoires et discute les théories des Grecs sur " la nature des choses qu'ils appellent physiologie ". Bref, Divitiacos est un militaire, un lettré, un savant, un philosophe, un mage, un juriste et un diplomate qui parcourt le monde, accueilli par la fine fleur de l'élite cultivée. C'est ce qu'on appellerait aujourd'hui un grand commis de l'État...

Statue de guerrier gaulois découverte à Mondragon dans le Vaucluse.

L'AFFAIRE ORGÉTORIX

Grâce à Jules César, nous savons que le beau-père de Dumnorix, le puissant Orgétorix, connut une fin brutale et mystérieuse. « Orgétorix risque la peine de mort par le feu pour haute trahison et doit plaider sa cause, chargé de chaînes, devant le tribunal des Helvètes. Au jour fixé pour le procès, il se présente devant les juges avec tous les siens – soit 10 000 hommes –, ainsi que tous ses clients et débiteurs. Grâce à eux, il échappe à l'obligation de se défendre, provoquant la colère de ses concitoyens. Il meurt mystérieusement pendant les préparatifs d'une seconde audience. »

407/ 411
Les troupes romaines, commandées par l'usurpateur Constantin III, quittent définitivement l'île de Bretagne. Alaric, roi des Wisigoths, prend Rome en 410.

431/ 463
Dès le Ve siècle, la plupart des Irlandais deviennent chrétiens, évangélisés par des missionnaires, tel saint Patrick, le fils d'un fonctionnaire romain de Bretagne, emmené en otage en Irlande. L'autorité religieuse est aux mains des abbés et non des évêques.

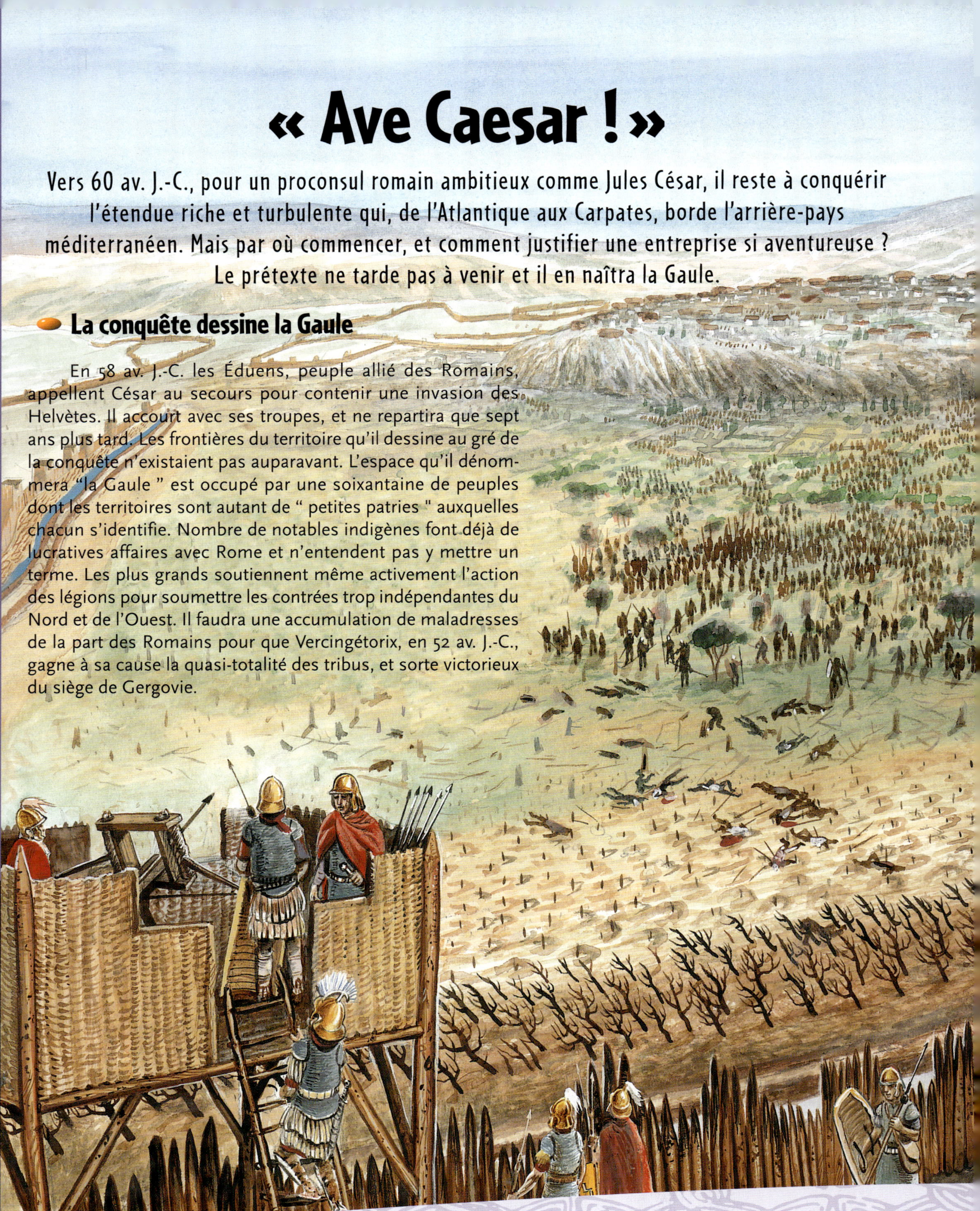

« Ave Caesar ! »

Vers 60 av. J.-C., pour un proconsul romain ambitieux comme Jules César, il reste à conquérir l'étendue riche et turbulente qui, de l'Atlantique aux Carpates, borde l'arrière-pays méditerranéen. Mais par où commencer, et comment justifier une entreprise si aventureuse ? Le prétexte ne tarde pas à venir et il en naîtra la Gaule.

La conquête dessine la Gaule

En 58 av. J.-C. les Éduens, peuple allié des Romains, appellent César au secours pour contenir une invasion des Helvètes. Il accourt avec ses troupes, et ne repartira que sept ans plus tard. Les frontières du territoire qu'il dessine au gré de la conquête n'existaient pas auparavant. L'espace qu'il dénommera "la Gaule" est occupé par une soixantaine de peuples dont les territoires sont autant de " petites patries " auxquelles chacun s'identifie. Nombre de notables indigènes font déjà de lucratives affaires avec Rome et n'entendent pas y mettre un terme. Les plus grands soutiennent même activement l'action des légions pour soumettre les contrées trop indépendantes du Nord et de l'Ouest. Il faudra une accumulation de maladresses de la part des Romains pour que Vercingétorix, en 52 av. J.-C., gagne à sa cause la quasi-totalité des tribus, et sorte victorieux du siège de Gergovie.

429/ 442
Les Angles, venus du Jutland (Danemark), les Saxons, venus de Frise (Allemagne), et d'autres peuples germaniques envahissent l'ancienne province romaine de Bretagne et s'y installent. Seuls les Pictes de Calédonie (Écosse) et les Scots d'Irlande résistent.

440/ 450
Des Celtes de l'île de Bretagne, fuyant les envahisseurs saxons et angles, migrent sur le continent où ils se fixent en Armorique. Ils donnent à cette région son nom actuel : la Bretagne.

La Gaule devient romaine

Il n'en va pas de même à Alésia où, après quelques semaines de siège (*ci-contre*), les Gaulois doivent se rendre. La victoire militaire de Rome, qui aura fait au moins 700 000 morts côté gaulois et plus encore de prisonniers, marque la fin d'une conquête commencée bien plus tôt par celle des bourses et des cœurs. César maintient ensuite les cadres anciens : les peuples deviennent des cités, dotées d'une capitale et d'une administration qu'il place entre les mains des Gaulois fidèles. Divisant pour mieux régner, il octroie à certaines les privilèges du droit romain, et à des particuliers dévoués le statut envié de citoyens. Parler latin et vivre à la romaine devient le modèle de la réussite sociale. Les empereurs Auguste, Tibère et Claude mettent le point d'orgue au naufrage des traditions en interdisant le druidisme : récits, légendes et mythes, transmis oralement, sombrent dans l'oubli.

451
Les Huns, un peuple mongol originaire d'Asie centrale, ravagent la Gaule sous le commandement de leur chef Attila, après avoir envahi la Chine un siècle plus tôt.

455
Avitus, un descendant d'une riche famille arverne qui a fait carrière dans l'armée romaine et a négocié la paix avec les Wisigoths, est proclamé empereur de l'Empire romain d'Occident. Mais il échoue à protéger Rome des Vandales et est destitué en 456.

Les mirages des îles

Connues de longue date, les îles atlantiques demeurent un monde à part. La conquête romaine de la Bretagne est tardive et incomplète : les campagnes sont peu pénétrées, et l'Irlande et l'Écosse ne sont pas colonisées. Nombre de traditions des lisières du monde celte s'y maintiennent jusqu'au Moyen Âge.

Bouclier en bronze émaillé du Ier siècle av. J.-C., trouvé dans la Tamise à Battersea, en Angleterre.

L'odyssée de Pythéas

Pour un Grec ou un Romain, les îles du grand océan sont un bout du monde effrayant, paré de légendes terribles, noyé dans les brumes, peuplé de tribus aux mœurs étranges. Mais c'est de là que proviennent or et étain que l'on se procure par de multiples intermédiaires. On ne connaît ces régions qu'à travers les récits des voyageurs, tel le navigateur carthaginois Himilcon, parti d'Afrique vers 400 av. J.-C., et qui atteint les Oestrymnides (les îles Scilly). Il raconte que ses habitants commercent avec deux grandes îles voisines, nommées Ierné et Albion : ce sont l'Irlande (*Eriu* en vieil irlandais) et la Grande-Bretagne actuelles. Vers 320 av. J.-C., un mathématicien grec de Marseille, nommé Pythéas, lance une exploration maritime qui le conduit jusqu'en Islande. Au cours de cette incroyable aventure qu'il n'aurait pu mener sans l'aide des marins indigènes, il accoste en Armorique, puis cingle vers des îles dont il reconnaît les côtes ouest et est. Il les désigne par leur appellation locale, *Prettanikai*, dont dérivera le nom de l'île principale, la Bretagne.

Petit bateau votif en or (Ier siècle av. J.-C.), trouvé sur la rive du Lough Foyle, dans le comté de Derry, en Irlande.

Une mer familière

Pour un barbare de l'ouest du continent, ce monde est évidemment plus familier. L'océan, sillonné depuis des millénaires par des bateaux en bois ou en cuir, armé d'osier, est un lien ancestral entre le sud de l'Irlande, la Cornouaille, l'Armorique et la Galice. On y parle des dialectes apparentés. Plus haut, la Manche et la mer du Nord unissent la Gaule septentrionale et le sud de l'Angleterre, deux contrées dont les paysages et la société se ressemblent fortement, et dont certains peuples sont même cousins : ainsi les Parisii de Gaule avec leurs homonymes du Yorkshire, les Atrebates de la région d'Arras avec ceux du sud de la Tamise. C'est même parfois un chef continental qui a autorité sur le territoire insulaire. Pour ces Celtes occidentaux, il n'y a d'exotisme que dans l'extrême Nord – où vivent des éleveurs semi-nomades, les Calédoniens d'Écosse – et le " far west " des Hiberniens d'Irlande, des sociétés peu hiérarchisées, radicalement différentes des leurs.

476
Odoacre destitue le dernier empereur d'Occident, Romulus Augustule, dont il renvoie les insignes impériaux à Constantinople : c'est la fin de l'Empire romain d'Occident et le début du Moyen Âge.

486
Clovis, roi des Francs Saliens, un peuple germanique, étend son pouvoir sur le nord de la Gaule. En 497, il se convertit au christianisme et se fait baptiser à Reims par l'évêque Remi. Il est le premier roi de France et le fondateur de la dynastie des Mérovingiens.

Reconstitution d'une section du mur d'Hadrien.

La résistance des marges

C'est le petit monde du sud-est de l'Angleterre, autour de l'embouchure de la Tamise, que César tente de conquérir en 54 av. J.-C, sans succès malgré ses 800 vaisseaux armés. C'est ce même petit univers, si proche de la Gaule par la géographie, les mœurs et l'organisation politique, que l'empereur Claude et son général Vespasien finissent par coloniser un siècle plus tard. Mais ils auront beau construire de puissantes fortifications pour se protéger – comme le mur d'Hadrien et la muraille d'Antonin –, les entreprises militaires vers l'ouest et le nord se heurteront toujours à de vives résistances. La romanisation de la Cornouaille et du pays de Galles reste superficielle et n'affecte guère les modes de vie et de pensée, ni la langue parlée quotidiennement. L'Écosse et l'Irlande demeurent libres.

L'ARMORIQUE DEVIENT BRETAGNE

L'Armorique prend le nom de Bretagne après l'époque romaine, au vᵉ siècle, lors de sa colonisation par des Bretons insulaires qui immigrent sur le continent pour fuir les envahisseurs anglo-saxons et les incursions des pirates irlandais. C'est pourquoi les parlers bretons d'aujourd'hui se rattachent à la famille des dialectes britonniques plutôt qu'au gaulois continental.*

Légendes de brume

Le principal apport de Rome est paradoxalement... la religion chrétienne. À partir du ɪᴠᵉ siècle, la christianisation, œuvre de missionnaires, comme Palladius et Patrick, souvent issus de l'aristocratie locale, connaît un développement fulgurant. L'interdit de l'écrit étant levé par les Saintes Écritures, les nouveaux druides que sont les moines couchent sur le papier les lois, traditions et récits mythologiques – jusqu'alors transmis oralement – qui ont baigné leur enfance. C'est à ces notables lettrés que l'on doit le sauvetage d'une mémoire irremplaçable. Mais il ne faut pas oublier que les traditions ainsi transmises ont été peu ou prou aménagées pour convenir à la morale chrétienne, et qu'elles se rapportent aux croyances de sociétés du début du Moyen Âge, toujours restées aux lisières du monde celtique. On ne peut les prendre pour argent comptant et les transposer sans précautions sur les Celtes continentaux du Iᵉʳ millénaire av. J.-C.

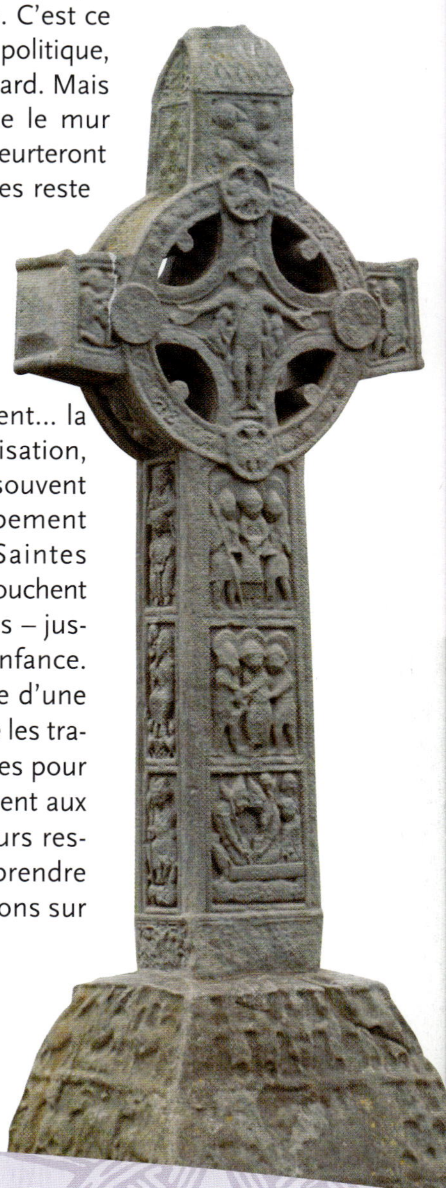

Les croix celtiques, symboles de la christianisation des îles, apparaissent à partir du ᴠɪɪᵉ siècle.

539
Arthur, un chef de guerre à la tête des Brittons, trouve la mort à la bataille de Camlann (près de la frontière écossaise), dans un affrontement avec les Saxons. L'événement donnera naissance à la légende du roi Arthur, un joyau de la littérature médiévale.

561/563
Un moine irlandais, saint Colomba, fonde un monastère sur l'île d'Iona, à l'ouest de l'Écosse, et deux autres monastères en Bourgogne et en Émilie (Italie). Leur rayonnement jouera un rôle capital dans la rechristianisation du continent.

Celtomania

Depuis la fin du Moyen Âge, Celtes et Gaulois suscitent une curiosité et une sollicitude qui ne connaîtront guère d'éclipses jusqu'à nos jours.

Des racines et des ailes

À la Renaissance, les érudits redécouvrent les textes anciens et, à travers eux, les Gaulois. Ces derniers sont dès lors considérés comme les ancêtres du peuple, par opposition aux Francs, conquérants et fondateurs de la monarchie et de la noblesse. Sous le second Empire, avec les guerres entre la France et l'Allemagne, " nos ancêtres les Gaulois " deviennent les ennemis héréditaires des Germains. Et vers 1880, la IIIe République les enrôle pour unifier la nation jusqu'au fond fin des colonies (*voir DVD, ch. 06*).

Méli-mélo mégalithique

À la fin du XVIIIe siècle, l'archéologue français Legrand d'Aussy attribue aux Gaulois menhirs et dolmens, érigés en réalité 3 000 ans plus tôt. Bien que récusée dès 1867 par ses successeurs, cette erreur connaîtra un bel avenir : les amateurs d'ésotérisme et l'imagerie d'Épinal s'en emparent et construisent la figure si populaire du druide sacrifiant sur la table d'un dolmen. L'imaginaire là aussi l'emporte sur la science…

Cocorico !

En latin, *gallus* (" gaulois "), signifie aussi coq… Au XIIe siècle, Anglais et Allemands jouent sur le mot et comparent Philippe Auguste à la pauvre volaille pour en railler les prétentions guerrières. Les rois de France retournent cette assimilation peu flatteuse à leur avantage en exaltant le courage et les vertus du coq ; ce dernier devient en même temps le populaire " roi de la basse-cour ". Quand les têtes tombent, la Révolution française le sauve en l'identifiant au peuple et en fait le symbole de la République. Il orne aujourd'hui le maillot des sportifs.

1497

Un moine italien publie de faux écrits sous le nom d'un authentique auteur ancien : Bérose. Il invente des rois de Gaule aux noms fantaisistes et les fait descendre de Noé. Ces faux connaîtront un succès fulgurant dans les milieux cultivés de la Renaissance.

1860/ 1865

L'empereur Napoléon III puise dans sa cassette personnelle et fait exécuter par l'armée diverses fouilles sur les sites présumés de la guerre des Gaules, dont Alésia et Bibracte.

Gaulois de propagande

Après la défaite de 1940, le gouvernement du maréchal Pétain récupère les Gaulois pour légitimer le nouveau régime. On rend hommage à leur bravoure héroïque face aux légions de César, mais on souligne en même temps les bénéfices civilisateurs de la victoire de Rome, d'où est née la civilisation gallo-romaine… L'appel aux Gaulois justifie ainsi la capitulation française, en même temps qu'il invite à collaborer avec le Reich.

Ancêtres de pub'

Profitant de l'identification des Français aux Gaulois, les publicitaires se sont emparés de leur image pour vanter les vertus de produits de toute nature : talons en caoutchouc, fils de mercerie, camembert, bière, élixir et cigarettes avec les « Gauloises », la célèbre marque de cigarettes de la Régie française des tabacs, créée en 1910. En 1951, la compagnie d'aviation nationale Air France choisit également une tête de Gaulois pour incarner la France.

Le triomphe d'Astérix

Ils ont des moustaches, des cheveux blonds et des yeux bleus. Ils sont batailleurs et ripailleurs, aiment la chasse et la guerre et portent des casques à ailettes. Voilà l'image que les manuels scolaires nous ont laissée des Gaulois et qu'ont reprise avec humour les créateurs d'Astérix, Goscinny et Uderzo. Les aventures de ce village d'Armorique, résistant à l'envahisseur romain en 50 av. J.-C., furent publiées en albums dès 1961 avec *Astérix le Gaulois*. Depuis, Astérix est devenu le personnage le plus célèbre de la bande dessinée française.

1882
Fondation de la chaire d'études celtiques au Collège de France. Alexandre Bertrand inaugure à l'École du Louvre un cours d'archéologie nationale sur " La Gaule avant les Romains ".

1952
Découverte de la tombe de la princesse de Vix et du fameux cratère grec par un amateur, René Joffroy. Titulaire de l'autorisation de fouille, il devient directeur du musée des Antiquités nationales de Saint-Germain-en-Laye, fondé un siècle plus tôt par Napoléon III.

Glossaire

Ave Caesar
« Je te salue César » en latin.

Aurige
Conducteur de char grec.

Britonnique
Désigne la famille des langues celtiques qui regroupe le gallois, le breton et le cornique (parlé jusqu'au XVIIIe siècle dans la presqu'île de Cornouailles) et à laquelle appartenait le gaulois. L'autre famille celtique est le gaélique, parlé en Écosse, en Irlande et dans l'île de Man.

Chaman
Sorte de sorcier chez les peuples qui croient que la nature est peuplée d'esprits. On lui prête le pouvoir d'entrer en contact avec les forces surnaturelles ainsi que des dons de guérisseur.

Chantre
Personne qui chante les louanges de quelqu'un ou de quelque chose. Il est souvent chargé de conter l'histoire des dieux, des héros et des ancêtres.

Cratère
Vase de grandes dimensions, en terre cuite ou en bronze, qui servait à mélanger le vin et l'eau pendant l'Antiquité.

Djembé
Tambour en forme de calice recouvert d'une peau, maintenue par des cordes ou des lanières, parfois agrémenté de clochettes.

L'Encyclopédie
Dictionnaire des sciences, des arts et des lettres publié au XVIIIe siècle et dont les 60 000 articles faisaient le point sur tous les métiers et techniques de l'époque, mais aussi sur les idées des philosophes.

Guède
Plante tinctoriale, également appelée pastel, dont les feuilles servent à confectionner une pâte dont on tire une teinture bleue.

Hydromel
Boisson fermentée faite de miel et d'eau.

Inhumation
Action d'enterrer le cadavre d'un homme ou d'un animal dans une fosse.

In vino veritas
Expression latine signifiant « La vérité dans le vin » : l'homme qui a bu devient plus expansif et laisse échapper une vérité qu'il n'aurait pas révélée à jeun.

Locuteur
Désigne la personne qui pratique une langue ou le sujet qui parle, par opposition à celui qui écoute.

Lur
Instrument à vent ressemblant à un cor, en usage dans les pays nordiques à l'âge du bronze.

Numismate
Spécialiste des monnaies anciennes.

Oppidum
Mot latin désignant les villes fortifiées celtes, situées en hauteur et entourées de vastes remparts.

Orpailleur
Chercheur d'or qui recueille les paillettes de métal présentes dans la terre charriée par les rivières.

Panthéon
Dieux d'une même religion ou groupe de divinités appartenant à une même grande famille.

Phalère
Disque, le plus souvent en bronze, qui ornait le harnachement des chevaux ou la caisse des chars.

Rouir
Opération consistant à faire tremper dans une rivière ou une cuve les plants de lin ou de chanvre pour dissoudre la gomme qui colmate les fibres de la plante.

Sel gemme
Gisements de sel qui sont les vestiges que les mers, asséchées depuis des millions d'années, ont laissés sous forme de roches dans les profondeurs de la terre.

Tintinnabulum
Nom latin désignant un objet formé de pièces de métal qui tintent comme des grelots quand on les secoue et qu'elles s'entrechoquent

Torque
Grand collier de métal massif, plein ou creux, le plus souvent ouvert et terminé par des tampons, parfois fermé par un crochet ou un fermoir. Les Celtes le portaient avec l'ouverture devant.

Tribut
Contribution que le vaincu doit verser au vainqueur.

Tumulus
Amas de pierres et de terre recouvrant une tombe.

Index

En gras : page où le sujet est développé
En italique : sujet traité dans la frise chronologique, en bas de page

Crédits iconographiques

AKG-images : Hessisches Landesmuseum, Darmstadt 1ère de couv., 4g, 54b ; archives akg 74m
AKG-images / Erich Lessing : 26b ; Musei Capitolini, Rome 6-7 ; Naturhistorisches Museum, Vienne 22b, 40h ; Nationalmuseet, Copenhague 41hd, 52h ; Museo Civico Archeologico, Bologne 46b ; British Museum, Londres 56b, 72h
AKG-images / Nimatallah : Museo Civico Archeologico, Bologne 40b
AKG-images / Werner Forman : National Museum of Ireland, Dublin 72b
AKG / Peter Connolly : 73h
AKG / Pietro Baguzzi : musée des Antiquités, Rouen 55b
AKG / Andrea Jemolo : 73b
Bridgeman Giraudon : Musée Crozatier, le Puy-en-Velay 68b
Pierre-Emmanuel Dequest : 1, 5h, 32, 33h, 34b, 35h, 35b, 37, 38-39, 42b, 43h, 44-45, 48, 6-67, 70-71
Edigraphie : 7m, 47h, 62h
INRAP : C. Valero 59h ; U. Cazuelo 59b
Christian Jégou : 1er plat de couv., 20-21, 57bg
Bibliothèque nationale de France, dép. des Monnaies, médailles et antiques : 5m, 6b, 60h, 61hd, 62m, 62b, 63hg, 68h, 69m
CNRS (UMR 7041 Protohistoire) : 29h
Droits réservés : frise ; dessin d'après A. Eibner-Persy 24b ; coll. particulière 75h
Paolo Ghiradi : 5b, 8h et b, 9g, 10h, 10-11, 11hd, 12-13, 16-17, 18b, 19b, 24-25, 25, 26b, 27h, 30-31, 50-51, 54h
Les Editions Albert René, Paris / Goscinny-Uderzo 75b
Les Arts décoratifs, musée de la publicité, Paris : Laurent Sully Jaulnes 75m
Musée des Beaux-Arts et d'Archéologie Joseph Déchelette, Roanne : C. Thériez 4e de couv., 34h
Musée de Bibracte-CAE, Mont Beuvray : Antoine Mailler 36m, 52b, 57d
Musée Barbier-Mueller, Genève : studio Ferrazzini-Bouchet 61hg, 63h et 63m
Musée du Châtillonnais, Châtillon-sur-Seine : 19h, 22h, 23hg, 23hm, 23m
Musée Calvet, Avignon : André Guerrand 45b, 69m
Musée d'Histoire de Marseille : Ceter 18h
Musée de la Société archéologique et historique de Charente, Angoulême : 1ère de couv., 49hg
Nationalmuseet, Copenhague : 55h
Prähistorische Saatssamlung, Munich : 53bd
RMN, musée Bargoin : Gérard Blot : 53bg
RMN, musée des Antiquités nationales, Saint-Germain-en-Laye : Jean-Gilles Berizzi 14, 15b, 28, 29b ; Gérard Blot 4b, 9d, 44b ; 65b ; droits réservés 7b, 63bg et bd ; Christian Jean 74h ; Loïc Hamon 11hg, 41hg, 56-57 ; Hervé Lewandowski 15hd, 64h
RMN, musée départemental de Beauvais : Gérard Blot 42h
RMN, musée du Louvre, Paris : Gérard Blot 47hd
RMN, musée national des Arts et traditions populaires, Paris : droits réservés 74b
RMN, musée national du Moyen Âge - Thermes de Cluny, Paris : Franck Raux 14-15
RMN, musée des Beaux-Arts, Lille : Harry Bréjat 23hd
Service archéologique de la ville de Martigues : Jean Chausserie-Laprée : 33m
Service régional archéologique de Bretagne : Hervé Paitier (AFAN) : 41b
Étienne Souppart : 3, 4h, 58h, 58b, 64b, 65h
Terranoa : 4e de couv., 27dh et db, 36b, 49hd et md

Les pictogrammes illustrant la frise chronologique ont été dessins par Nicolas Julo.

VOIR LES ANIMAUX

VOIR L'HISTOIRE